龍を味方にして生きる

人生をダイナミックに好転させる方法

精神科医
越智啓子

廣済堂出版

はじめに

この本を手に取ってくださって、本当にありがとうございます。

きっと、あなたは龍が大好きな方でしょう。あなたが知りたい龍について、この本が何かのヒントになったら、とても嬉しいです。

はじめて龍の本を読む方は、龍についてのいろんな情報に目から鱗《うろこ》がポロリと落ちるかもしれません。まず、あまりにも美しい龍のカバーにビックリされたでしょう！

私がこれまでに書いてきた本をずっと読んでこられた方は、龍が癒しの延長上にあることを感じていただけると思います。

いろんな方に龍のことを知ってもらいたくて、一生懸命に書いてみました。

龍の応援がたくさんあって、この本が出来上がりました。

今、龍に関する本が大ブームで、「龍の時代」を迎えていると言われています。たくさんの龍たちが、私たちの呼びかけに、すぐ応じられるようにスタンバイしてくれています。

龍を意識して、龍とつながると、どんないいことが起きるのでしょうか？

まず、日常のさまざまなことがスピードアップして、人生がダイナミックに面白く展開していきます。

「龍、お願い〜」とシンプルに思いを伝えると、すぐに味方になって応援してくれます。

そして自分の好きなことがどんどんできるようになり、周りの人たちもハッピーになっていきます。

その結果、「笑顔人口」が増えていくのです。

龍は頼もしくて、とても自然に平和な世界へと導いてくれるのですから、私たちが龍を意識することは、とても大切なのです。

私は辰年《たつ》生まれです。小さいときから床の間にあった水晶玉を持った黒いブロンズ製の龍の置物が大好きでした。その水晶玉を手に、龍の背に乗って空を飛ぶ空想にひたって遊んでいました。

そのせいか龍は身近な家族のような、友だちのような大切な存在でした。

私が最初に龍を意識したのは、小さい頃に読んだ絵本の『龍《たつ》の子太郎』という日本昔話です。

主人公の太郎は、脇に龍の鱗のようなあざがあったので、龍の子太郎と呼ばれていました。自分の母親が龍だと聞いて、会いたくなって旅に出るというお話です。

私は床の間にあった黒い龍の置物を使って、龍の子太郎になって遊んでいました。

「自分の母親が龍というのは、どんな気持ちだろう？　もしかしたら私の母親も本当は龍で、今の母親は育ての母かもしれない」

そう思いました。というのも私は母と似ていなかったし、母から「橋の下で拾ってきた」と言われていたからです。

だんだんそれが妄想になって、ついに裏山まで本当に母だった龍を探しに行くと、現実的な弟が「裏山にはいないよ、スーパーに買い物に行っているよ〜」と叫んでくれました。

でも私は本気だったので、もしかしてと思い、そばにいる龍に「あなたが本当のお母さん？」とためしに聞いてみました。すると「産んだおぼえはない〜」と震える声で返事が返ってきました。やはり私の母は龍ではなく、パワフルな龍のような巳《み》年の人間でした。

私は一九九九年に東京から沖縄に移住して、太平洋側の海が見えるアパートの一室でメンタルクリニックを開業しました。それから一一年後の二〇一〇年に、東シナ海に面した恩納村《おんなそん》に木造の楽しい複合施設、淡いピンク色の「天の舞」を創り、二〇一五年にはその隣に水色の「海の舞」を建設しました。

「天の舞」には海が見えるカフェがあり、アロママッサージが受けられる天使ルームやクリスタルショップがあります。「海の舞」では座禅瞑想会や講演会、宿泊もできるセミナーを開催しています。

　薬を使わず、アロマやクリスタル、音やヴォイス、ハンドヒーリングなど、エネルギー治療をしながら、過去生療法をしているユニークな精神科医です。

　愛と笑いのヒーリングで、笑顔いっぱいの平和な世界を創ることができると信じて、ずっと活動を続けています。

　ヒーリングセミナーや過去生療法セミナー、そして講演会などでは、笑い療法として、私自身がいろんな格好に変身をして、みなさんに笑ってもらっています。

　最近は龍に変身したので、今回、龍についての本を執筆することになったのかもしれません。まさか龍について書くことになるとは、今まで想像したこともなかったのですから。

龍は三次元には存在しませんが、四次元以上の世界に確実に存在していて、天と地と私たちをつなげてくれます。私たちの強力な味方なのです。

日本を中心として、アジアには「龍神」という聖なる存在としてたくさんいますが、西洋では「ドラゴン」といって、悪の象徴のように思われています。アジアの龍とは容姿が違い、翼があります。しかも数はとっても少ないとされています。

龍の形をした雲のことを「龍神雲」と言いますが、最近、空には美しい鱗がはっきりとわかる雲もよく見られます。

きっと龍もしきりに「応援のスタンバイはできていますよ〜」「ちゃんと守っていますよ〜」と伝えてくれているのです。

日本は、龍体の形をしている龍の国です。

最近の龍のブームは、日本が平和の中心として、その使命と役割を担っていくという大切な流れなのです。

一人ひとりの個人も、日本も、今こそ龍の応援を必要としています。

まさに、龍とともに大空へ羽ばたくときを迎えているのです。

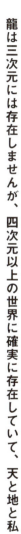

龍を味方にして龍のパワーを使い、使命に目覚めて、どんどん人生をダイナミックに展開していきましょう。

龍を意識して、自分の中の「龍パワー」にスイッチを入れましょう！

この大切な変革のときを、龍とともに風に乗って駆け抜けていきましょう！　ヒュ〜！龍〜！

それでは龍についてのいろんな話を楽しんでください。

龍が大好きな人生のインスト楽多〜

越智啓子

龍を味方にして生きる　もくじ

第二章 龍がすべてに奇跡を起こす

第三章　龍を味方にする方法

第四章　龍の時代を生きるコツ

第五章　龍に乗って、ユートピアへ

第一章

あなたの知らない心の扉が開かれる

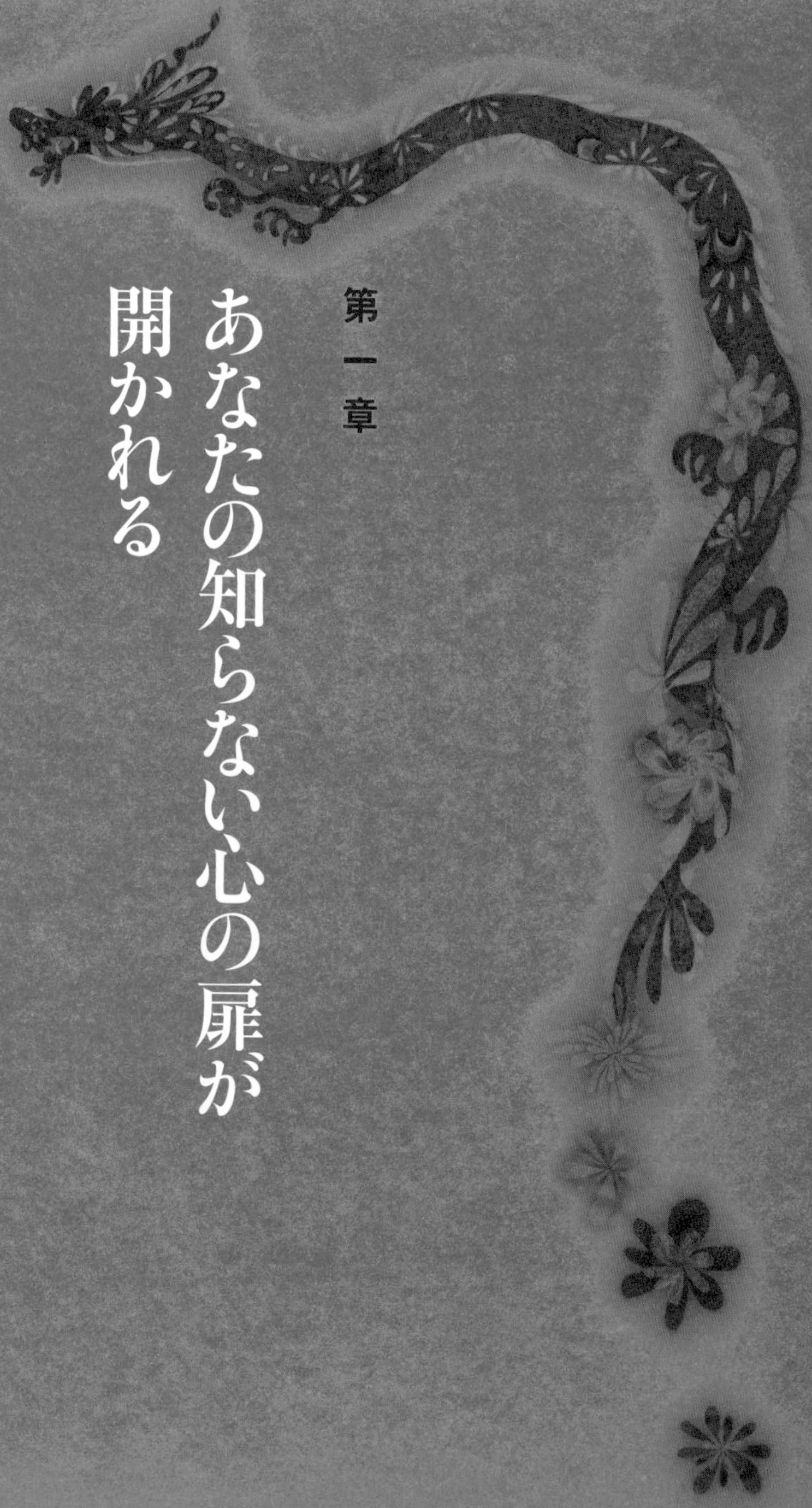

龍を感じたことがありますか?

この本に手が伸びたあなたは、きっと龍のことがずっと気になっていたと思います。

龍は角《つの》があって、髭《ひげ》があって、鱗《うろこ》を持っています。

中国の後漢の学者、王符《おうふ》は「九似説」を唱え「龍は九つの部位に、それぞれの動物のいちばんすぐれた部分を寄せ集めた姿」だと記述しています。

つまり、龍はあらゆる動物の祖とされているのです。

顔は駱駝《らくだ》、角は鹿、目は兎《うさぎ》、首は蛇、鱗は鯉、爪は鷹、手のひらは虎、耳は牛、髭は鯰《なまず》だそうです。そして背中の鱗は八一枚あるとされています。

私がいつも見ている龍はちょっと違い、目はシヴァ神（破壊と創造の神）で、髭は鯰よりももっと太く長いのですが（笑）。


龍は三次元では「生」で見ることができませんが、確実に存在しています。

四次元以上に実在しています。

四次元の龍は痩せていて、ちょっと暗くてぎょろりとにらみつけています。五次元の龍は、明るくてひょうきんで優しい目をしています。鱗もキラキラと輝いています。

人が乗れる龍は、五次元以上です。

そして巨大な龍は、手に宇宙の惑星を持っているのかもしれません。

龍は「神の化身」とも言われているほどで、神と人間をつなぐ大切な役割を持っています。そんな龍を味方にして生きることは可能なのです。

神とのつながり、宇宙とのつながりを感じさせてくれる、光の存在なのです。

私は龍と毎日交流しているので、人生になくてはならない大切な親友であり、分身であり、大天使のような存在です。意識では龍の頭の上に乗って、いろんな世界を飛び回っています。まさに龍人（神）です。

このように龍が大好きな人は、きっと昔、龍だったのかもしれません。そういう人は、龍の頭の上に乗って、リュウリュウ〜と飛んで楽しめるのです。

日常生活で龍を意識するようになると、人生が大きく広がり、ダイナミックな流れを引

き寄せていきます。

思いがけない展開や、思いがけない人とつながります。たとえば海外へ意識が飛んで、楽々と海外旅行に行ってしまうなど、今まで以上にフットワークが軽くなって活動的になります。

今、龍がブームになっているのは、私たちの世界観を広げるチャンスが来たのです。人生いろいろ、何が起きるかわかりません。だから面白いのです。

その道しるべになる話題の本を紹介します。ベストセラーになっている大杉日香理著『「龍使い」になれる本』（サンマーク出版）です。カバーが虹色の龍で、可愛い女の子が二人、龍の頭の上に乗って飛んでいます。

これは私が体験しているイメージと同じです（私の場合は龍に乗るときは一人です）。

この本に十分龍のことが書かれているので、今回の執筆にあたり「私はいったい龍のどんなことを書いたらいいの？」と思い、直接龍に問い合わせをしてみました（私の世界観では、万物すべてに意識があるので、すべてのものたちと直接対話することができます）。

すると、いつもの龍が、突然私の目の前に大きな顔を近づけてきました。

ウルトラワイドな顔を見せながら、「啓子が今まで龍とかかわった体験を、わかりやすくそのまま書けばいいのです！」と、鼻をフガフガさせて答えてくれました。

なるほど！　それでは私なりの龍についての紹介をさせていただきます。

絵を見て、龍を感じてみましょう！

龍は昔からお寺の天井に描かれたり、彫刻が彫られたりと、龍を感じる人たちによって解説されてきました。

私も絵が大好きで、美大に行くとクラスメイトに思われていましたが、絵で生計を立てる自信がなくて、医大に行きました。

医師になった今でも絵が好きで、やっと念願のアトリエを「天の舞」に持つことができました。そこで仏画やスピリチュアルな絵を描いています。

龍の絵は、修学旅行で京都に行ったときや、どこかのお寺の天井画や襖《ふすま》絵を見たり、あるいは掛け軸などの絵を見るなどして、誰もが記憶に残っていると思います。

京都のお寺で有名な龍の絵は、嵯峨嵐山の天龍寺です。お寺の名前にすでに「龍」が入っていますから、龍を感じるのには最適です。

ここには雲龍図《うんりゅうず》が二種類あります。大方丈の襖絵の雲龍図と、法堂《はっとう》の「八方《はっぽう》にらみ」の雲龍図です。

襖絵は曾我《そが》蕭白《しょうはく》の作品で、本物は残念ながらアメリカのボストン美術館にあります。お寺の絵はレプリカですが、それでもなかなかの迫力があります。

角の先がとがって、顔が痩せています。目が寄り目で鋭いので、この龍にはちょっと怖くて乗れないかもしれません。生の龍は、もっと優しい目をしています。

もしかしたらこの龍は「四次元龍」で、人の意識を乗せる係ではないのかもしれません。龍の絵を描いてきた人々には、龍の存在がとても怖かったのでしょう！　**人が乗れる龍は五次元以上の龍です。**

またもう一つの法堂の龍の絵は、一九九七年に描かれた新しい天井画で、加山又造さんの作品です。やはり、角がとても長くとがっています。

実際の龍はもっと短くて、鹿のような形です。龍に乗るときハンドルのように、角を持つこともありますから、あんなにとがっていたら危なくて頭に乗れません。

髭はもう少し太いのですが、長さはちょうどいいでしょう。

そして指が五本あります。五本の指を持つ龍は皇帝を表し「皇帝龍」と呼ばれています。沖縄にある絵やレリーフに描かれている龍の指は四本で、本土の龍は三本です。

でも、この法堂の龍には、どちらの手にも玉がないのが不思議な感じがします。龍は必ず玉を持っています。そうでなければパワーが出ないからです。

また、妙心寺の天井の龍もパワフルです。八方にらみの龍で、どの角度から見ても龍に見られているようで不思議です。

これは江戸時代初期に、狩野探幽《かのうたんゆう》が八年もかけて描いた龍の絵ですが、龍に言わせるとちょっと痩せすぎて、髭も短かすぎるそうです。そしてこの龍には指が三本しかありません。この妙心寺は臨済宗の総本山ですが、宿坊に泊まって座禅を体験したこともある大好きなお寺です。

私が東京で子育てをしていたとき、次女が「お寺の宿坊に泊まって、早朝の座禅を体験してみたい」と希望し、一緒に泊まったことがありました。懐かしく大切な思い出の場所です。また妙心寺の龍に会いたくなりました。

祇園にある建仁寺《けんにんじ》は京都最古の禅寺で、襖絵の雲龍図と天井画の双龍図が見られます。襖絵は安土桃山時代の絵師、海北友松《かいほうゆうしょう》の作品です。本物は京都国立博物館にありますが、とてもよく描かれています。

天井画の双龍図も、二柱の龍が見事にバランスよく描かれていて、とても素晴らしいです。「これはよく描けている〜」と龍も納得して嬉しそうだったのを覚えています。

顔がひょうきんで、ちゃんと玉を持っています。指は五本なので皇帝龍ですね。

これは小泉淳作画伯の作品で二年がかりの大作です。創建八〇〇年記念として二〇〇二年に描かれました。

後述しますが、日本は双龍に守られています。はじめてこの絵を見たときは、それを知りませんでしたが、そうやって見ると感動が増すかもしれません。

天井画の龍を見つめることで、確実に龍と意識を合わせて、天空につながり、ぐんと広がることができます。天井画の龍を見つめながら、龍の天空瞑想をお勧めします。

龍の作品は、少しでも私たちが龍をイメージできるようにと、「龍族」の人たちがあの手この手で表現してくれた「龍を思い出すスイッチ」です。

「龍族」とは、龍の存在を表現することで、人々に知らせる役を過去生にしていた方々のことで、日本や中国、ポリネシアでよく見られる人々です。

私自身もちょうど住んでいるところから見える入り江の形が龍に見えるので、入江と上空で飛んでいる龍とを一緒に描いた絵が一枚、あります。

今はクリスタルショップの「琉球の舞」(かつてのなんくるショップ)に飾っています。白銀色の龍で、金の玉と銀の玉を両手に持って笑いながら飛んでいます。入り江の龍も休んでいるように見えます。

クリニックに来てくださった患者さんのお母様がユタ(沖縄の霊能者)さんで、「啓子先生、この入り江は、龍が休むところですね。波動が高い場所なので、普通の人は住めませんよ。今まで手つかずで守られていたこの土地は、啓子先生を待っていたのでしょうね」とビックリの解説をしてくれました。

たしかに以前は農地で、六人の地主さんの所有だったので、建築の許可をもらうのが大変でした。でもだからこそ、今まで残っていたのです。

癒しの拠点と終《つい》の棲家《すみか》である「天の舞」を創ったら、なんとそこが龍と縁の深い場所だったのです。

龍と共（友）に生きてきた人生の最後は、龍が集まりやすいところに自然に導かれていました。

霊能者のユタさんの思いがけない解説で、選んだ場所が予定されていたのだと感無量になりました。

そのことが記憶に残っていたのか、辰年を迎える前に龍の絵を自然に描いていました。

年賀状にその絵を使った記憶が残っています。

そして、また突き上げてくる衝動を抑えきれずに、龍の絵を描いてしまいました。それも**金の玉を持った白龍**です。

龍の絵を描きたい～！　という雄叫《おたけ》びが宇宙に響くほどの衝動行為でした。

ヒーリングセミナーの日の朝で、時間があまりなかったのですが、すごい勢いで三〇分くらいの間に描くことができました。

金の玉を持たせたら、龍から「玉が小さい。爪は五本でなく琉球では四本！」と注意されて、一回り大きな玉にして、爪も四本にしました。

すごい迫力に自分でもビックリ！　さっそくその日のヒーリングセミナーで披露すると、

思いのほか大好評で、譲ってくれないかという熱心な依頼まであってとても嬉しかったです。

龍の絵を見るだけでなく、自分で龍の絵を描いてみることでも、龍と仲良くなれるのだと実感しました。

あなたも龍の絵を描いてみませんか？　必ず龍が近づいてきてくれます。

そういえば、皇居の勤労奉仕をしたときに、団長さんだった方も小学校六年生のときに白龍の絵を描いて、自分でビックリしたという話をしてくれました。白龍つながりなのか、勤労奉仕二日目のとき、桔梗《ききょう》門を入ろうとしたら、白龍が出迎えてくれました。

「今日は、江戸城の大解放だ！」

と、龍がポツリとその日のテーマを言ってくれたことがありました。

桜田門をくぐったときに、真っ白い雪が見えました。偉い人を乗せた籠《かご》をあっという間に何人かの武士が襲い、切り合いになって真っ赤な血が飛び散りました。それは有名な「桜田門外の変」でした。一瞬の出来事でしたが、まるで映画を見るかのような生々しい感じでした。

龍が次元を変えて見せてくれたのです。

そのおかげで、江戸城にまつわる江戸時代の解放がサクサクと進みました。

みんなで輪になって、江戸城天守で地球の平和を祈ると、彩雲が出ました。**彩雲は龍が仲立ちする天の喜びのサインです。**

それから三週間後、アスペルガー症候群で授業に集中できないという悩みがある小学校高学年の男の子が、両親とクリニックに来ました。

ヒーリングをしてみると、その男の子は「桜田門外の変」で殺された籠の中の主君、井伊直弼《なおすけ》につかえていた武士でした。

主君を守れなかったという無念さと罪悪感が、ハートに詰まっていたのです。解放するとすっきりして、本人は嬉しそうでした。そのときから男の子は歴史に興味を持つようになり、授業に集中できるようになりました。

担任の先生が、彼の豹変《ひょうへん》ぶりにビックリして、「何かあったのですか？」と母親に聞いてきたほどでしたが、母親もまさか、「精神科のクリニックで、江戸末期の『桜田門外の変』の無念さを解放しました！」とは、言えなかったそうです。

白龍のおかげで桜田門が開いて、そこでのトラウマが解放されました。

白龍と仲良しの魂が集まると、共鳴してダイナミックなことが可能になります。クリニックでの「桜田門外の変」の解放は、その前に勤労奉仕を体験して、白龍がそこへの意識の集中を促したことで、できるようになっていたのです。

そのときの団長さんが、小学生の頃から白龍と仲良くなっていたというのも役に立ちました。すべてはうまくいっています！

ときが来ると、自然に龍と仲良くなって、導かれるようにその場所に来ることになっているのです。

ベストタイミング、ベストプレイス、ベストな龍メイト。

この三つがうまくそろうと、ダイナミックな展開がはじまります。

パワフルに龍を感じられる龍の彫刻

二次元の絵よりも、さらに龍とつながれるのが、彫り物です。私の身近にある龍の彫刻を紹介しましょう。

数年前、読谷《よみたん》にあるシーサーや龍を陶芸で創れるところで、念願だった祈りのシーサーと龍を二体創ることができました。いつも触れ合う龍の顔は見慣れているので、あっという間にできました。ちょっとひょうきんな顔で気に入っています。

「天の舞」のカフェのピアノの向かいにある飾り棚のところに飾っています。

あるとき、末期がんの患者さんたちが岐阜から沖縄ツアーでいらしたとき、カフェに来てくださったことがありました。霊的に敏感な方が、龍の顔に反応して、「この龍の顔から紫色の光が出ている」と、写真を撮りはじめると、あっという間に龍の陶芸品を撮影する列ができてしまいました。龍を創った本人もビックリの現象でした。

龍の写真を見せてもらったら、たしかに紫色とマゼンタ（ピンク紫）色の光が出ていました。創った私の髪の毛もマゼンタ色に染めているので、創り主に似てしまったのかもしれません。

創造することは、その人のパワーが入るので、当然の現象とも言えます。

もう一つの龍の陶芸品は、玉を持っている龍の上半身の作品です。これもちょっとひょうきんな可愛い龍になりました。手に本物のクリアクォーツの玉を持たせて、波動をアップさせました。

東京の講演会の主催者さんに、六〇回記念講演のときにプレゼントしたのですが、その方も同じ龍族だったのだと思います。


三つめの龍の彫り物は、なんと沖縄の三線《さんしん》です。

カルチャーセンターで三線を習ったときは、ふつうの三線を使っていましたが、三線の名人、照屋政雄先生と知り合いになって「エレキギターと同じやり方で弦が張れる三線を創れるよ。竿のところは好きな形に彫っていいんだけど、どうね〜、啓子先生の好きな龍でも彫ったら？」と言ってくださって流れに乗ったのでした。

とても固い黒木（黒檀《こくたん》）でしたが、黄金の玉を持った力強いお気に入りの、ちょっとひょうきんな龍を彫ることができました。それに漆《うるし》を塗ってもらって、世界で一つだけの赤茶色の龍の三線ができました。黄金の玉のところがオレンジ色っぽくなり、それがなんとなくマンゴーに見えます。沖縄らしい龍の三線です。


四つ目の龍の彫り物は、入れ墨です。と言っても、主人が百円均一（百均）で見つけてきた**龍の柄のアームカバー**です。腕を通してみると、本当に腕に龍の彫り物をしているように錯覚して、とても面白いです。今もはめたままキーボードを打っています。

百均に売られていることが不思議です。ここまで来たか龍ブーム！

親友に電話して、龍のアームカバーのことを話して写真を撮って送ったらビックリ！

私がはめていてもまったく違和感がありません！

違和感がないのは、私には江戸時代にやくざの大親分だった過去生があって、そのとき背中に龍の入れ墨をしていたことがあったからだと思います。

クリニックに東京・歌舞伎町で働く女性が来てくれたときがありました。太ももに見事な青龍の入れ墨があることを聞いて、拝むようにしてそれを見せてもらうと、生き生きとした素晴らしい青龍が浮かび上がっていて感動しました。彼女の過去生も江戸時代のやくざの姐《あね》さんで、そのときも龍の入れ墨がありました。

「やはり、そうでしたか！　納得です。小学校二年生から背中に龍の入れ墨をしたいと思いはじめたのです。謎が解けて、とても嬉しいです！」と喜んでいました。

身体に龍の入れ墨をするのは、龍の意識の目覚めと覚悟を決めるためです。

まさに「一心龍体」になるのです。

私も百均の龍グッズで、龍になったつもりになりました！

龍を思い出すスイッチを見つけてみて

「天の舞」の和室の床の間には、「龍翔鳳舞」という力強い沖縄の書家の書いた掛け軸が掛けられています。

「龍のように飛翔して、鳳凰《ほうおう》のように舞いたい」と心から思っているので、我が家にぴったりです。

その掛け軸の下に、主人がいつの間にか見つけてきた金龍二柱の置物、クリアクォーツで彫られた透明の龍、中国製の巨大なハンコのような龍の置物などを、「琉球の舞」から運んできてくれました。

金龍二柱の置物は中国製で指は五本、透明の玉を持っています。さらに大きな玉が二柱の龍の中心に置かれて、それを龍が見て喜び、互いに讃《たた》え合っているかのように見えます。

そして手元には、インカローズで彫られた龍もいます。やはり、大きな玉を持っています。ピンクの龍は珍しいのでワクワクします。

クリスタルの龍の彫刻は、クリスタルのパワーも加味されてとてもパワフルで、ビンビンとエネルギーが伝わってきます。

このように、龍の字が書かれた掛け軸や、龍の置物、龍のクリスタルの彫刻などが、今回の龍の本をどんどん応援してくれています。

「はじめに」でも書きましたが、私は物心ついたときから、自宅の床の間に置かれていた黒い龍の置き物が大好きでした。イメージの中で龍の頭に乗って、世界中を飛び回って自由に遊びました。懐かしい魂の故郷にめぐり合うと、その時代のスイッチが入って、ますます龍が大好きになりました。

私にとって、龍は夢の中で自分を好きなところへと運んでくれる大事な仲間、親友なのです。

あなたの実家に、龍の彫り物や掛け軸などがありませんでしたか？　もし、思い当たる方は、すでに幼少期に龍とつながる環境に恵まれていたのです。

里帰りのときに、家の中をチェックしてみてください。もし見つかったら、しばらく龍と対面して、じっくりと見てあげてください。

龍とのつながりが一気に強くなって、人生がダイナミックに面白くなっていきますよ！

もしこれまでに実家や身近に龍はいなかったという人は、龍を意識しながらネットやお店で探してみてください。

「この龍だ！」と思える作品があったら、それはあなたのための「龍を思い出すスイッチ」です。

龍という特別な存在は、実は私たちに深くかかわっています。今まで以上に深くつながることで、自分がハッピーになるだけではなく、地球がもっと住みやすい星に変わっていけるのだと思います。

沖縄には龍柱がいっぱい！　龍柱の大切な役割

スケールの大きな龍の彫り物もあります。龍柱という対になった柱状の彫り物です。

沖縄にはたくさんの龍柱がありますが、有名なのは那覇市の若狭海浜公園の巨大龍柱です。この龍柱は市が中国に発注したという経緯もあって、建設がはじまると「中国が攻めてくるときの目印ではないか」とか「税金の無駄使い」などといろいろ反対運動が起きて、しばらく話題になりました。

ひょうきんな顔は可愛いのですが、目印になるほど大きくはなく、騒がれた割には、あまり目立たなくてかわいそうなくらいです。

主人の実家の近くにあるので、そこを通るたびに手を振ってエールを送っています。中国に発注されたとはいえ、形は沖縄独特の龍柱です。

四〇〇〇～五〇〇〇人を乗せる豪華客船が停泊すると、一気にたくさんの中国人が龍柱の間をくぐって沖縄に上陸します。

沖縄に入ってくると龍のパワーがもらえるので、中国人にとっては観光目的だけでなく、エネルギー的にも素敵なことです。

沖縄のエネルギーを感じて気に入ったものがあれば、それを中国に持ち帰って自己変容し、中国をさらに発展させてほしいと思います。

建てるときにもめたことにも意味があります。それがあったからこそ、人々の意識が高まったのです。

人と龍が助け合って、地球をユートピアの星にしたいというのが、本来の龍ブームの目的だと感じています。

また中国と沖縄の龍柱の違いもわかってきました。

中国の龍柱は、ちゃんと柱として屋根を支えています。柱の周りに龍が巻きついている感じです。

沖縄の龍柱は、屋根はなくそのまままっすぐにズドーンと柱のように龍が立っています。

シーサーと同じように対になっていて、阿吽《あうん》の形のように向かって右側が口を開けていて、左側が口を閉じています。

主人の実家の近くにも凛々《りり》しい顔をした低い龍柱があります。散歩のときには、つい龍の頭を撫《な》でてしまいます。

那覇の実家の近くに創作日本そば店がありますが、その入り口にも可愛い龍柱が置かれています。実家のすぐ近くなので、そば好きの私たち夫婦にはありがたいお店です。

御主人に表の龍柱のことを聞いてみたら、お兄さんの手作りだそうで、さっそく「いつでもいいから龍柱を作ってください」と注文しました。

また、中国の庭園を再現した福州園の入り口にも、屋根つきのりっぱな龍柱があります。亡くなった母と一緒に散歩して、中国へ旅をしているかのような素敵な錯覚を楽しみました。

福州園の裏に新しくできた久米孔子廟にも、屋根つきの龍柱があります。ここでも立派な龍を見ることができます。

東京から来た友人たちを案内して、はじめて入ってみましたが、しっかりと中国式でした。

このように、沖縄には身近に龍柱がたくさんあります。主人は首里《しゅり》生まれ、首里育ちですが、琉球の象徴だった首里城の正殿には、龍の飾り物が三三個もあるそうです。

首里城では、まず守礼門を入ると、右手に龍が守っている湧水があります。いきなり龍のお出迎えです。

さらに赤い門をくぐって中に入ると、ドドーンと迫力のある赤い瓦屋根と、赤い柱の正殿があります。朱塗りの柱にも派手な龍の絵が描かれています。

屋根の正面にカラフルな龍の顔があって、迫力が増しています。屋根の両端にも向かい合った彩り豊かな龍の頭があります。

もちろん、その手前には向き合っている龍柱があります。

正面玄関を入ったところに大龍柱と、手すりの奥には小龍柱があります。

中に入ると王様が座った玉座がありますが、その前にも黄金色の小龍柱が向き合って立っています。

このように龍に意識を向けて、龍の数を数えながら首里城を見学するのも面白いです。

あるとき、龍が大好きな親友がリュックにさりげなく龍のマスコットをつけていました。どこで買ったのか聞いてみたら、首里城の売店に、朱色と水色と緑とピンクの四色の龍が売られていると教えてくれました。琉球の象徴である首里城に行って、龍のエネルギーを感じてから、龍のマスコットを手に入れましょう。一気に龍に近づけます。

龍の入門は、龍神雲から！

日常生活で龍を唯一確認できるのが、空を見上げたときに見える「龍神雲」です。

龍神雲とはまさに龍の形をした雲で、龍の髭や鱗まできれいに見えるものもあれば、気持ちよく飛んでいるような横形、立ち上がっているような縦形もあります。

これは雲を介して、龍が私たちに自分の存在をはっきりと示してくれているのです。

ぜひ空を見上げて、龍神雲をチェックしてみましょう！

見上げてごらん〜。青空に〜、龍神雲が出ているよ〜♪

龍とのつながりが必要になったときに、龍からのテレパシーが届いて、自然に空を見上げて、龍の雲を見て、龍を感じることができるのです。

二〇一七年七月に、沖縄で笑いヨガフェスティバルが開催されました。そのために来沖された笑いヨガの創始者、マダン・カタリア博士ご夫妻と、全国から集まった笑いヨガティーチャーたちが、かつて沖縄戦で激戦地となった地に建てられた平和祈念堂で、笑いヨガをやってくださいました。そのときは青空に大きな龍神雲が出たそうです。

龍は笑いが大好きです。

愛と笑いの癒しをしている私のクリニックでは、患者さんを過去生療法して、過去生のいろんな時代を解放した記念として、万歳三唱と、宇宙の真理のエッセンスである言霊《ことだま》「すべてはうまくいっている！」を唱えるカニ踊りの伝授を、海が見える「バンザイテラス」で行います。

そのとき、祝福として青空に天使の羽根や鳳凰の翼を表す雲がよく出ますが、最近は龍神雲が目立って出てきます。

とくに、龍にまつわる解放をした患者さんのときには、龍の鱗まで見える雲が出てくれます。

「素晴らしい龍の雲ですね〜！　鱗がはっきりわかる！」

「そうですね〜。龍が守っているよ〜と教えてくれているのです！　青空に龍神雲が出るときは、天も応援しているというサインです。おめでとうございます！」

そんな会話をしながら、沖縄の青い空を見上げて、たくさんの愛をしみじみと感じています。

診療の中で、龍にまつわる話題が出てくるときには、ご本人のファッションにも龍らしさが現れています。

真っ白いレースの光沢があるワンピースを着ていた女性を診療したときは、素晴らしい白龍が登場しました。レースがまるで白龍の鱗のようでそれは感動的でした。

相談内容もダイナミックでビックリでした。

沖縄に住む彼女は、脳腫瘍の手術をしたあと骨折を六回もして、さらにガンにもなりました。お腹から一〇キロもある腫瘍を取る手術をしたそうです。

それでも健気《けなげ》に明るく生きている姿に私は感動して、「この人はただ者ではない」と思っていたら、やはりとてもパワフルな龍族だったのです。

彼女の過去生は、青森の長《おさ》の魂さんでした。

ちょうど北海道に住む双子のお姉さんと、青森に行きたいと話していたそうで、ご本人もビックリされていました。十和田《とわだ》湖には白龍が住んでいますから、ぜひ行ってほしいと伝えました。

その方は、身体を張って壮絶なご自身のカルマの解放をしながら、龍族の目覚めのために、大きなスイッチを押す役割を担っているのです。お姉さんも同じように骨折したりと、いろんな試練を乗り越えています。

北海道に住むお姉さんと、沖縄に住むその方は、お互いに双龍となって、日本の浄化もされていました。

大病の連続を体験して、自分の魂の解放をしただけでなく、地球創生にかかわる時代のスイッチを押しています。

地球の文明のはじまりは、シュメールだと言われていますが、実はそうではなく、日本の青森からはじまったのだそうです。

それも「龍座」という星座からやって来た宇宙人との混血ハイブリッドである龍族が、その後アイヌと琉球に流れていったそうです。これはある患者さんからいただいた不思議な神との対話の本に書かれており、思いがけない引き寄せに私もビックリしました。

このようなことは地球全体の大解放につながり、さらにこうやって本に書くことで、関係する龍族に意識の目覚めを促すという素晴らしい流れになっています。

案の定、セッションが終わって、万歳三唱とカニ踊りをするときには、青空に白龍の大きな雲が出ました。彼女の〝白龍ファッション〟の鱗のような光沢のある白いレースが共鳴して、白龍がとても喜んでいました。

大事な節目に龍の雲が出てくるのは、素晴らしい展開の兆しです。

龍の雲をじっと眺めている間は、しっかり天とつながっています。

天が「応援しているから大丈夫、やりたいようにやりなさい」という嬉しいサインを送

ってくれているのです。ですから安心して、自分が生きたいように、好きな道をいきましょう！

ときには、白い雲だけでなく、黄金に輝く龍の雲が、まるで絵のように空に描かれます。誰が見ても龍の形に見えるような見事な金龍の雲に遭遇することがあります。黄金の鱗が輝いて、美しく大空にうねります。

金龍は、昔から金運があると言われて、置物として重宝されてきました。空を見上げて金色の龍が感じられるときは、宇宙から豊かさのエネルギーが注がれていると思って喜んでください。

さらに、龍の頭の上に、観音様が見えることもあります。

一〇年くらい前に、飛行機の中から何気なく雲の写真を撮った方がいて、そこに龍に乗った観音様の雲がくっきり写っていました。それが口コミで全国に広がったこともありました。

「第三の目」で龍を感じましょう

雲を介さなくても、龍の存在は「第三の目」で感じることができます。

見えないものが存在することを、うっすらとでも感じることができる人は、おでこの真ん中にある「第三の目」が活性化されています。そういう人は四次元以上の存在を感じることができるのです。

龍や天使や鳳凰などが感じられる人は、かなり過去生で修行を積んでいて、高次元の存在を瞑想の中で見てきた体験が多いので、三次元に降りてきてもそれらを思い出すことができます。

思い出すスイッチは、人それぞれで違うのです。

最近、フェイスブックにもよく龍の雲がアップされていますが、鱗だけでなく、髭や角までもくっきりとわかるような龍の雲を見ると、わくわくしてきます。素晴らしい龍の雲の写真をシェアすると、どんどんいろんな龍の雲の写真が集まってきます。

このように、龍とのコンタクトが必要になると、龍の雲をよく見かけるようになりますが、それだけではなく友人が龍の雲の写真を見せてくれたり、フェイスブックでたまたま龍の写真を見たりという「龍体験」が続きます。

こうやってつながっている友だちを「龍友」といいますが、意識が龍に向くと、このような「たまたま現象」がどんどん続きます。

「たまたま現象」は偶然ではなく、魂が演出した大切なハプニングです。

偉大なる魂さんが、ここぞというときに必要なハプニングを引き寄せてくれるのです。

「たまたま現象」の「たま」つながりで、龍の玉の話をしましょう！

龍の絵や彫刻は、必ず手に玉を持っています。龍は玉が大好きなのです。

長期に渡って大人気の漫画（アニメ）に『ドラゴンボール』がありますが、これはまさに「龍の玉」です。孫悟空のストーリーがもとになっていて、七つの玉を探すお話です。

玉は、調和とパワーの象徴です。

龍が持つ玉は、如意《にょい》宝珠《ほうじゅ》とも呼ばれていて、思いのままにすべてが叶うパワーのエッセンスです。

龍にいろんなことをお願いすると不思議と叶うのは、この龍の玉のパワーが働いているからです。

私は、クリニックでヒーリングのときにクリスタルを使いますが、玉の形のクリスタルをよく使います。

とくに龍に縁のある人には、必ず玉の形のクリスタルを使っています。

龍に関係する過去生の解放をするときは、まったく傷がないとてもピュアなクリアクォーツの玉と、金色の針がたくさん入っているルチルクォーツ（針水晶）の玉をよく使います。

龍と仲良くなるには、クリスタルを飾ったり、身に着けたりするといいのです。なぜなら、クリスタルは地球の細胞だからです。

地球自体が、大きなクリスタルボールです。

ヒーリングのときに、地球にそっくりの色をした青緑色のクリソコラというクリスタルの玉を手に載せると、地球を手の中に持っている不思議な感じがします。地球も地の「球」。つまり「玉」です。

龍の中には「龍神」といって、神の化身と呼ばれるものもいます。

神が宇宙を創ったのなら、龍が創ったとも言えるかもしれません。巨大な龍たちが、宇宙の星々を創ったと考えたらとても面白いです。

沖縄が昔、琉球と呼ばれていたのも、琉の球＝龍の玉、つまり沖縄自体が龍の玉の役をしているということです。だから沖縄はとても大切な龍の玉の島なのです。

「天の舞」の瞑想ルームの真ん中に、傷一つないクリアクォーツの玉がどんと置かれています。私はそれを「龍玉ちゃん」と呼んで大切にしているのですが、あるとき座禅をしていると、「龍の本を書くとき応援するからね！」と龍玉ちゃんからエールが送られてきました。

この龍玉ちゃんには、素晴らしいエピソードがあります。

白龍池のあるアジア最大のエネルギースポット、沖縄本島の最北端、辺戸《へど》岬近くの大石林山にはじめて行ったときのことです。

龍玉ちゃんから「私も行く〜」というお願いがあったので、連れて行ったことがありました。

まず、今帰仁《なきじん》城跡に行ってお祈りをしたら、見事な虹が出ました。それも次々とたくさんの虹です！

これでもかというほど虹が出て、目的地の大石林山に到着するまでになんと一三本も虹を見るという奇跡的なことが起きました。

私のラッキーナンバーが一四なので、もう一つ出ないかしらと思っていました。すると帰るとき、名護の交差点から見た暗闇に、その年の成人式のお題として「虹」という字がライトで明るく浮き上がっていました。それを加えると、その日の虹はちょうど一四本。龍玉ちゃんのパワーはすごいです。

虹が出たら、そばに必ず龍がいます。ずばり「虹龍」もいます。

一四本も虹が出たときは、一四柱の龍が来てくれたのです。ルンルン！

虹は天からのメッセージで、「今のままでOKです！」という祝福のサインです。そしてさらにいいことが起きる予兆でもあるのです。

虹が濃く太く、龍柱のような虹が出たときは、龍が柱のように守っているという嬉しいサインですから、素直に喜んでください。

話を「玉」に戻しましょう。

「天の舞」の屋根の上には、水晶の玉が載っています。真ん中の屋根の上には、とりわけ大きなローズクォーツの玉が載っています。

これは五年間、那覇市にあるクリスタルショップ「琉球の舞」の「愛と夢ルーム」の〝主《ぬし》さん〟として飾られていました。

屋根の上に水晶を載せるという斬新な発想は、〝生龍〟である宇宙一の主人が思いつきました。

主人は龍そのものです。名前はヨンと言って、韓国語では龍という意味だそうです。龍が大好きで、龍のTシャツや靴下をたくさん持っています。そして龍馬と書かれた草履《ぞうり》をよく履いています。龍が大好きなので、自然に龍グッズを引き寄せているのです。京都の不思議なヒーラーさんに、「ご主人は地球を創った魂ですね」と言われたことがあります。

主人と一緒にアメリカのアリゾナのツーソンへクリスタルの買いつけに行ったとき、巨大なローズクォーツの玉をたくさん見たので、「天の舞」ができたときに、屋根のてっぺんに置こうという発想になりました。購入したときはローズクォーツの玉のはずでしたが、どんどん濃いピンクになって、今ではどう見てもインカローズに見えます。**クリスタルも意識を持って生きています。**もしかしたら、さらに価値の高いクリスタルに変容して、インカローズになったのかもしれません。ありがたいことです。

「天の舞」のてっぺんに水晶の玉を載せてから、龍がたくさん来るようになりました。いちばん多いときは五〇柱も集まり、まるで嵐のように大騒ぎになりました。

龍とつながりたい方は、龍が大好きな水晶の玉を持ちましょう。

水晶の玉のブレスレットやネックレス、または水晶のペンダントを身に着けましょう！

地球の細胞であるクリスタルが、龍のエネルギーを引き寄せてくれます。

龍にお天気をリクエストしてみましょう

龍は私たちの近くにも遠くにもいますが、とにかく大きくてパワフルです。時空を飛べるのでダイナミックです。

龍は水の神（龍神）とも呼ばれ、水、降雨、台風、洪水を制御できるとされてきました。

雨が降らないときは龍神に祈って雨を降らせ、洪水のときは雨雲を散らし、台風のときには雨風が鎮まるようにと願いました。

ちょうどこの本を書いているときに、福岡と大分に集中豪雨があって、川が氾濫《はんらん》して家が流されたり、橋が壊れたり、集落が孤立したり、大きな被害がありました。私が龍に「これ以上降らないようにしてね～」と頼んだら、「大きな地震を洪水で回避しているから、これでも最小限」というメッセージがありました。

地震という「火」のパワーは、洪水という「水」のパワーで浄化されます。

それぞれに深い理由があるのですね。

龍神はお天気の神様でもありますが、お天気を司る霊的な存在なのです。

私にとって龍は時空を飛ぶ乗り船ですが、やはりいちばん多くお願いするのはお天気です。

晴れてほしいときには、てるてる坊主を飾るより、龍に「明日のお天気よろしくね～」とお願いするほうが確実です。天気予報ではずっと雨模様でも、龍に「よろしく！」とお願いすると、快晴にしてくれます。

お天気というのは、実はとてもアバウトで、個人的な現象です。その人それぞれの事情

で、どのようにもなります。

すべてがゆるゆるの沖縄にいると、それがとてもよくわかります。雨が降っているところと降っていないところは、線で引けるほどはっきり分かれているのです。その線のことを沖縄では「片ぶい」といいます。

台風の進路も、そのときの私たちの思いで変えることができます。いろんな思いで人生が創られていますが、それが実現できるように龍が手伝ってくれているのです。

地球を体感する「アースクール」の二期がはじまったときも、天気予報はずっと雨だったのに、初日から青い海と青空に恵まれ、それは素晴らしいスタートになりました。

二日目は、読谷の都屋漁港から定置網漁の体験で船に乗りましたが、曇ってくれたおかげで日焼けせずにすみました。午後からは晴れて、大きな龍の雲が出ていました。

三日目に大石林山に行ったときも、あまりにもかんかん照りだと大変なので、ほどよい天気にしてくれました。

どんなときも「龍、よろしくね！」とお願いすると、本当に最高のお天気を提供してく

れるのです。

二〇一六年一〇月一〇日に「天の舞」六周年、「海の舞」一周年記念式典があったとき、大きな台風が近づいてきていました。

そのときは祈っても小さくならず、進路も変わらないので、私は奥の手を使って、台風を飲み込んでしまいました。

「えっ、そんなことできるの？」と思うかもしれませんが、自分の人生は自分の思いでどうにでもなることを知っているので、私はついに台風を飲み込むという最終手段に出たのです。予想どおり、お腹がパンパンに張りました。でも、台風は本当に小さくなり、式典当日は見事に晴れました。

「天の舞」の天使ルームではアロママッサージができ、私も体調維持のためにときどき施術を受けています。いつもお世話になっているアロマセラピストの枝美子さんは、スピリチュアルな感覚を持っていて霊的な状態が見えるので、こちらから説明する前に、

「啓子先生、どうしたんですか⁉　お腹の中が渦巻いていて、大変なことになっているけど……」

とばれてしまったのです。無事イベントも終わったので、ほっとして施術を受けました。

「やっぱり、わかります？　大事な記念式典があるので、思わず台風を飲み込んでしまったの。おかげでお腹がパンパンに張ってしまって……。なんとかしてくれる？」

「え〜〜、あの大きな台風を飲み込んだんですか？　ここで吐き出さないでくださいよ！小出しにしてください！　小さい龍に分けて出してください！」

と、またビックリの展開になりました。

ちょっと試してみようと、アロマッサージが終わってから、小さな龍を一柱だけ出してみました。

すると晴れていた空はどんどん暗くなり、急変して台風のような土砂降りになってしまいました。天気があっという間に変わってしまったのです。

その日は庭仕事をするために、主人のスタッフが那覇からわざわざ「庭隊」として来てくれていたのですが、庭仕事は中止になり申し訳ないことをしました。

そのときの体験から、**台風を司る龍のパワーは、とんでもなく大きくて、ふつうの龍の何十倍もあることがわかりました**。

そして、お腹にたくさんの龍を蓄えることもできるのだと、ビックリの体験でした。

龍体の日本は守られています

日本は島の形からして、龍そのものです。

中国が龍の本場のように思っている人も多いと思いますが、それは素敵な勘違いのようです。今回、龍の本を書くにあたっていろいろ調べてみたら、なんと大本は日本で、日本そのものが龍体だとわかりました。

北海道が頭になったり、沖縄が頭になったり、自由自在です。双龍とも呼ばれているそうです。

鎌倉時代、宋が九州に攻めてきましたが、台風で近づけませんでした。日本を力ずくで得ようとすると、龍が怒って一掃します。神風が吹くのです。

日本は、たくさんの龍に守られている神の島なのです。

もちろん、そこに住む日本人も龍族です。平和を愛する龍族です。どんな困難も乗り越える龍族です。放射能に強いＹＡＰ遺伝子を持っています。だから広島も長崎も福島も、乗り越えてきました。

龍に守られた龍の形の小さな島々は、どんなときもしなやかに生きています。

私も、辰年の辰月生まれなので、自然に龍に気持ちが向いています。

龍は架空の動物と言われていますが、干支には含まれています。

辰年生まれの人は、とくに龍には興味があると思います。

さぁ、今こそ一緒に飛んで、日本が目覚めるように、日本人が龍族を思い出すように、活動を開始しましょう！

中島みゆきさんの歌に『銀の龍の背に乗って』という歌があります。

さびの部分だけ替え歌を創ってみました。

♪　白銀の龍の背に乗って、届けに行こう　日本の各地へ
　白銀の龍の背に乗って、届けに行こう　龍族の目覚めへ

今までどんなことがあっても日本を守ってくれたように、龍たちは、これからも私たちを守ってくれます。

龍に意識を向けて、しなやかで力強い日本を守り、奮い立たせましょう！
今まで一握りの権力者たちに翻弄されていた世界が、変わろうとしています。本当に平和を願う私たちに、主体性が戻ってくるようにするためにも、**龍とともに自分たちの力が無限であることを思い出してみましょう！**

もう戦いは十分だ。もう苦しみはいらない。そろそろ地球を平和にしたい。そろそろ地球を笑顔いっぱいにしたい！
白銀の龍の背に乗って、届けに行こう　あなたのもとへ
白銀の龍の背に乗って、届けに行こう　龍のメッセージを！

第二章

龍がすべてに奇跡を起こす

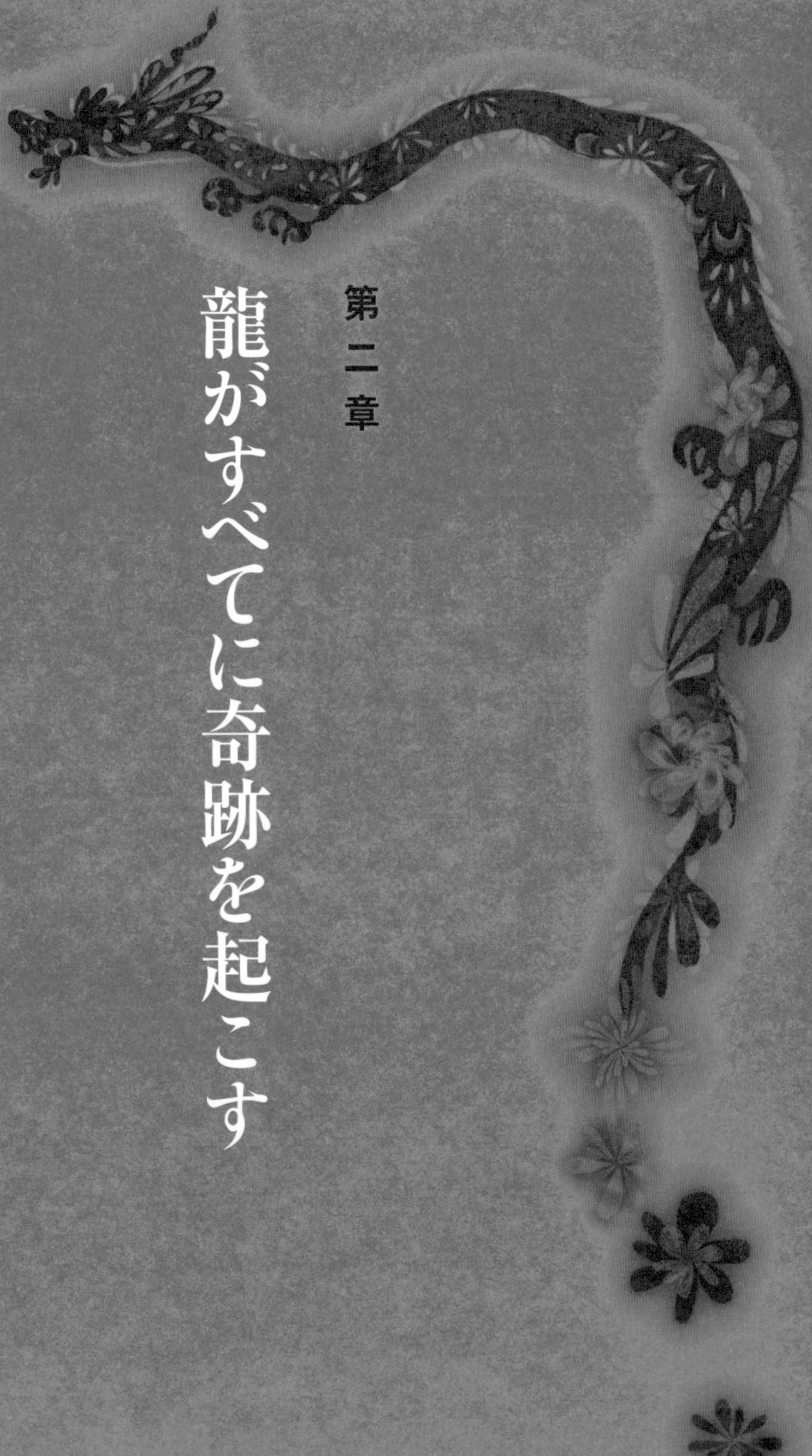

龍が起こすダイナミックな奇跡

龍は私たちが意識しなくても、すでにそこにいます。そして、ありとあらゆる自然界のことを担当して、人知れずに活躍してくれているのです。

きっと龍たちは、私にそのことを代弁してほしいのだと思います。

日本は昔から噴火、地震、洪水、台風と天災がいろいろありますが、まずは私が最初に体験した、ダイナミックな龍の奇跡の話をしましょう。

一九九一年、九州の雲仙普賢岳が噴火したことがありました。火砕流の発生が九〇〇回を超え、マスコミの関係者や消防団員の方など四三人も亡くなられるという大惨事でした。

それから一九九五年になって、私は長崎の友人の案内で雲仙にお参りに行ったことがありました。

霧島神宮と霧島東神社にはじめて行きましたが、そこから龍とのコラボスピリチュアルワークがはじまりました。二二年前です。

私が現在行っている過去生療法をはじめる四年も前ですが、それまでにも龍と交流していたおかげで、スピリチュアル的にさまざまなことを学びはじめているときでした。

最初に訪れた霧島神宮は、観光向きのカラフルで美しい神社で、たくさんの人々が訪れていました。

霧島神宮を陰で支えている霊的にとても大切な神社は、霧島東神社でした。

地味ですが静かで落ち着きのあるところです。その霧島東神社で、厳かで大きな黒龍に出会ったのです。

待っていたとばかりに、大接近してきました。

泊まったホテルの朝食時、まるで待ち伏せしていたかのように大きな宴会場いっぱいに、黒龍の顔があったのです！　鼻息をフガフガさせていて、私は度肝を抜かれました。

「あの、とても大きなお顔にビックリなんですけど……」

「待っておった！　やはり、わしが見えるんじゃな〜。ここはわしには狭いのぉ」

「いえ、あなたが大きすぎるのです。何か私にご用ですか？」

「一緒に地獄谷に行くのじゃ〜」

「いえ、私はまだ地獄には行きとうございません」

「そっちの地獄ではない。それにそちらには行かない。それは架空の世界じゃ。地獄谷とは地名じゃ。友だちに聞いたらわかる〜」

そう言われて友人に聞いてみると、そこは観光名所だと知りました。

彼女には、会場いっぱいの大きな龍の顔が見えないようでした。私がおそるおそる説明すると、彼女はとても面白がって、根掘り葉掘り聞いてきました。

「えっ、どこどこ？　どこに顔があるの？　髭《ひげ》もあるわけ？　目は大きいの？　どのへんにいる？　どんな色？」

私にはあまりにもリアルに龍の顔がドーンと大きく見えているので、気づかないで平気で朝ごはんを食べているみなさんが不思議でした。

前述したように、私は小さい頃から龍の頭の上に乗って飛んでいました。いわゆる天使や龍、霊などがふつうに見える「不思議ちゃん」だったのですが、ほかの人には見えないことのほうが私には不思議に思えるのです。

三次元で見えるギリギリのところまで波動を落とし、姿をあらわにしている黒龍を見て、「いったい何がはじまるのかしら？」と思っていました。

とにかく地獄谷に行けば、次の展開がわかるかもしれないと、友人に頼んで行ってみると、地名とは違って小さなクリアクォーツの原石が、キラキラと散りばめられていました。

龍の鼻息で、時空の扉は開かれる

いくつか石を拾っているうちに、だんだんと霧に包まれてきました。

さきほどの大きな黒龍が、フガ〜フガ〜と鼻息で霧をつくって、あたりが真っ白になったのです。

霧も、龍の鼻息でできる自然現象です。時空の扉を開くときに、霧を創り出すのです。

もしドライブしていて霧に包まれたら、大きな龍がすぐそばにいて、フガフガと鼻息を荒くしているとイメージしてください。龍がとても近くにいるのです。

周りをぼんやりと薄目で眺めてください。そういうときは、時空の扉が開くので、いろんな時代や場所が見えてきたりします。

実際に三・一一の東日本大震災のとき、瓦礫《がれき》の中を走っていた車が楕円状の白い雲に包まれて、イギリスのビクトリア朝時代と日本の江戸時代が同時に両側に見えたという報告がありました。

私も若い頃、イギリスに留学していたとき、霧に包まれて古い時代の光景が見えたことが何度もありました。タイムスリップしたような不思議な体験でした。

雲仙でも、霧の中でうっすらと晴れ間が見える感じがあって、時空の扉が開かれました。そこから江戸時代の隠れキリシタンたちが、宣教師の最後の話を熱心に聞いているシーンが出てきました。まるで時代劇のセットに迷いこんだかのような生々しさが感じられました。

友人に実況中継のように細かく話しましたが、「啓子さんだけ見えていいわね～。私も見たいわ～」と言われてしまいました。

そして黒龍から解説が入りました。

「今、普賢岳が噴火しているのは、隠れキリシタンの悲しみや涙の浄化のためなのじゃ。龍の頭であり、尾でもある九州が大事なので、悲しみのエネルギーを浄化する必要がある。あと一年で普賢岳の噴火は終わる。それまで祈り続けなさい」

とのことでした。私はまだ、過去生療法を知らないときなので、ビックリして頭がからっぽになりました。

今のようにスマホがあれば、すぐに検索して情報を得るのですが、まだそんな便利なものがなかったときです。

当時私は「世界平和の祈り」を熱心にやっていたので、その場で友人と一緒に平和の祈りを一生懸命に捧げました。

すると龍がさぁ〜〜と飛び去って、霧雨が降ってきました。

霧雨は、天が喜んでいるときのサインです。地上からの私たちの祈りが通じて天とつながり、天が喜んでいるときに、必ず霧雨が降ってきます。

心地よい霧雨の中、そこで昔起こったかのような出来事が、まるで映画のように映し出されました。私は何事かとビックリしました。

龍が叫びました。

「隠れキリシタンの大解放じゃ〜！　悲しみを噴火の火で燃やし、怒りを雨で冷やす、火と水で火水《かみ》（神）じゃ〜！」

低い声なので、あたり一面に轟《とどろ》き、そしてだんだんと雨が強くなり、雷鳴に変わりました。

ます。

「あまり派手にやらんといて〜」

私はなぜか関西弁になって頼んでいました。それでも必要なことは、容赦なく起きてきます。

でも、龍が言ったように、きっかり一年後に普賢岳の噴火はすっかりおさまりました。

龍の予言が本当に当たってビックリ！

その出来事は、龍のパワーがダイナミックに働くことを目《ま》の当たりにした、とても貴重な体験でした。

いつも人知れず頑張ってくれて、龍、本当にありがとう！

もしあなたも人知れず頑張っている方なら、それは龍と同じような性格です。

人に評価されなくても頑張り続けられる人は、ダイナミックな龍のような性格で、もちろん龍に愛されています。

あなたが人知れず一生懸命に頑張ったとき、天から霧雨が降り、空に大きな虹が出て、祝福してくれます。

龍は、そんなあなたをいつも見守ってくれているのです。

あなたの頑張りに、ブラボーです！

霧島での祈りのあとに、長崎の鎮西《ちんぜい》大社諏訪神社にもお参りしました。

諏訪神社は、全国にたくさんある龍神が祀られているパワースポットです。そこに大切な龍の玉が封印されているので、それを解くようにと龍に頼まれました。

近くにある松森神社（天満宮）に、封印を解く鍵があると言われました。

そこへお参りに行くと、私が持っていたスティック型の紫のアメジストが、なぜか手の中から宙に舞って、パーンという大きな音を立てて石畳に打ちつけられて消えてしまいました。

それは大事なクリスタルだったので必死で探したところ、生垣の中から見つかりました。でも一角が欠けていました。

そのアメジストは、私と一緒に世界中のパワースポットめぐりをしている相棒のような存在でした。

後述しますが、それは二、三年間行方不明になったことがあり、それがなぜかあるはずもない新しいナップザックのポケットから見つかったという奇跡のアメジストでした。思い出深い大事なクリスタルが欠けてしまい、私は泣けてきました。

アメジストは欠けましたが、その破片は近くで見つかりました。破片はまるで龍の鱗《うろこ》のように見えました。

「紫色の鱗状の破片は、ここに埋めてほしい」

そう龍からのメッセージがありました。

私は言われたとおりに、直観でここだと思える梅の木の下に埋めました（松森神社という名前なので、松を探しましたが松はなく、梅の木がたくさんありました）。

半透明の紫の破片を埋めたとたんに、ドーンと下から突き上げるような大きな和太鼓の音がしました。まるで、大地が返事をしてくれたかのような不思議なベストタイミングです。

それは封印されていた諏訪大社の龍の玉、金の玉が龍のもとに戻ってきた合図だと私は感じました。

龍が、「それでいい、大事な金の玉が戻った。よかった、ご苦労であった」と喜んでくれました。

そのときは、それはどういう意味なのか、まだ表面意識がスピリチュアルなことに慣れていなかったので、私にはわかりませんでした。

鎮西大社諏訪神社は、一〇月に長崎くんちという三八〇年の歴史を持つ秋の大祭があります。それは龍の踊りで有名です。

金の玉を追いかけて、龍が練り歩くのですが、先ほどの和太鼓のような大地の返事は、その大切な金の玉が戻ったという合図だったのかもしれません。そう思うと感無量で、本当に嬉しいです。


そこから、諏訪大社の御柱への道がはじまりました。

龍とともに、本家本元の長野の諏訪大社に行ったとき「御柱祭の御柱は、龍だ」と私は直観で思いました。

御柱祭は、たくさんの男たちが、いのちがけで御柱にまたがって、崖を走り降りるお祭りです。ときには怪我人も出るのですが、それもいとわずに情熱を持って参加している姿に感動します。

御柱は一七メートル、一〇トンのモミの巨木で、人の手で山の中から諏訪大社まで運ばれるのです。

一六本の柱が立てられるのですが、それはまるで龍柱のようです。

一六は菊理媛神《くくりひめのかみ》（全国にある白山神社に祀られている神様）の数字で、カタカムナ研究家の吉野信子先生によると、世直しの意味を持っているそうです。「八」は龍の数字なのでちょうど二倍、つまり二柱の龍という意味があります。まさに双龍です。双龍がお互いにつながると、陰陽のように「69」となります。

日本という龍体のど真ん中の長野で、龍の祭りがあるのにも意味があります。そして長野には八ヶ岳があります。まさに龍の「八」の数字があり、意味があることをわかりやすく表現してくれています。

二〇一六年に、七年ぶりの御柱祭がありましたが、例年になく大盛況でした。龍がこのときとばかりに大活躍したので、たくさんの人々を集め、覚醒を促したのだと思います。

名古屋の講演会の主催者、川井さんのグループも法被《はっぴ》を着て、氏子さんたちに交じってすべての御柱の移動に参加しました。私の親友たちのグループもすっかり乗り気になり、諏訪大社の四社（上社本宮、上社前宮、下社秋宮、下社春宮）すべてへ正式にお参りしたところ、日照り続きだった長野が一時間半も土砂降りとなり、農家の方々に恵みの雨となりました。

あまりにも雷鳴がすごいので、これはどうなっているのかという問い合わせの電話が私にありました。

「四社すべてを正式参拝する人は少ないから、龍神がとても喜んでいるわ！　すごいことになっている～！　たくさんの龍が舞っているわ～」と、私が解説したそうです。自分ではすっかり忘れていたのですが、はっきり親友は覚えていて、忘れがたい体験になったそうです。これも龍の奇跡ですね！

御柱に乗るということは、龍に乗っているということなのです。

それも七年に一度のチャンスです。

諏訪大社は全国二万五〇〇〇社もある諏訪神社の総本社で、祭神は建御名方神《たけみなかたのかみ》といって古事記に出てきます。

軍神として信仰され、風の神として元寇《げんこう》のときに諏訪の神が神風を起こしたと伝えられています。まさに龍神そのものです。

お近くに諏訪神社があったら、ぜひお参りしてください。龍神とつながります。

私も御柱祭ではないとき諏訪大社の四社をまわったことがありますが、それぞれが龍神の神社で、個性的な龍神が顔を出してくれました。

「ここが龍神とつながる要のところだから、これからいろんな活動をしていくには、こことつながっていたほうがいい〜」

と龍が教えてくれました。

神社には、観光向きの神社と、スピリチュアル的にエネルギーの場として大切な神社の二つがあります。

観光向きの神社は、カラフルでいかにも楽しめそうなところです。

本当にエネルギーが高い神社は、地味な場所で少し裏に隠れています。

諏訪大社で説明すると、下社秋宮が観光用の表の神社で、下社春宮がエネルギーの高い裏の神社です。さらには上社本宮が表で、上社前宮が裏です。

上社前宮は、探さないとわからないほど小さくて、あまり参拝客もいません。でもそこで私が祈ったとき、白龍が天空に舞って大喜びでした。

「よく来てくれました。お待ちしていました。龍を認めてくれると、活動がしやすくなります。ありがとう！」

と、逆に龍からお礼を言われてしまいました。

龍が待っていてくれたと思うと、龍の仲間になったというつながりを感じられて、とても嬉しかったです。

「あなたが龍のパワースポットをまわると、龍が目覚めてスイッチが入り、活動をはじめます。そのパワーは、あなた自身にも届くので、お互い様なのです。共同作業で平和への道のりが示されていきます。いつか、このことを本に書いて、広く伝えるときが来ると思います。そのときにまた私たちの関係がさらに深くわかって、納得することでしょう！」

そのとき、龍にそう言われたことが懐かしく思い出されます。

でもそのときの私はふつうに近い医師でしたので、まさか自分が龍とのエネルギーワークについて、本を書くようになるとは夢にも思っていませんでした。

でもこうやってそのときが来ました。すでにそうなるように決まっていたとしか思えません。感無量の日々です。

龍は軽いノリが大好き！　頭に乗せて飛翔します

龍は軽いノリが大好きです。**明るく、軽～いノリの人は龍に乗れます。**

重い、暗いエネルギーの人は、龍には乗れませんし、龍に遭遇もしないのです。

前述しましたが、沖縄で日本はじめての笑いヨガフェスティバルがあったとき、インドから笑いヨガ創始者のマダン・カタリア博士ご夫妻がいらして大きな講演会がありました。そのとき嬉しいことに、「引き寄せリズム」の解説を一〇分間頼まれました。なぜなら、「引き寄せの法則」をもとに私が創った「引き寄せリズム」が、ありがたいことに笑いヨガのチームによって、全国に広がっているからです。

かつてアメリカのカリフォルニアから日本に上陸した『The Secret』という動画で、「思いが現実を創る」という宇宙の大切な法則が紹介されました。そこから出たいろんな関連本を熟読して、エッセンスをまとめて、体感して覚えられるように創ったのが、「引き寄せリズム」です。

これは、大きな台風が沖縄に来て停電になったとき、瞑想ルームで韓国の太鼓を叩き、台風パワーを感じながら創ったので、しっかりと龍のエネルギーが入っています。とてもシンプルで言霊《ことだま》パワーが満載！　パワフルでわかりやすいので、お勧めです。

ここでも紹介しますので、明るく軽いノリで、龍のパワーを感じながら読んでください。

引き寄せリズム

人生すべて思い込み
マイナス思えば、マイナス続く
プラスを思えば、プラスが続く
いつも笑って、楽しい人生
引き寄せ、引き寄せ〜
引き寄せ、引き寄せ〜

口癖そのまま　引き寄せる
望みのとおり、引き寄せる
ルンルン気分で、引き寄せる
言霊パワーで、引き寄せる
引き寄せ、引き寄せ〜
引き寄せ、引き寄せ〜

今日も絶好調～
私は天才
私は健康
私は完璧
人生最高
ブラボー、ブラボー、ブラボー

時空を超えるときの言葉は「ヒュ～」

龍は言霊に反応します。

言霊が宇宙に響いて、現実化に向かうプロセスの中で、龍は言霊の響きや波動に反応するのです。

波動が高いととても喜び、波動が低いと残念がります。波動に反応する龍の様子を見ていて、龍に聞いてみました。

「波動に敏感に見えるけど、なぜなの？」

「波動は空間を選ぶ。空間のチャンネルのようなものだ。気持ちのいい波動を感じると、私たち龍は、嬉しくて動きやすくなる。つまり飛びやすくなるんじゃ。啓子はピュアピュアだから、波動が高いときに龍のほうが気持ちよく持っていかれるくらいだ〜」

「天に昇るときの波動は、どんな感じなの？」

「ヒュ〜ッと、高く昇るような響きじゃ」

「そういえば、金星人のオムネク・オネクさんも七次元に行くときのマントラがヒュ〜だった！　同じなのね〜」

「とんびという鳥が、ヒュルルルと鳴くとき、時空がパッと変わるときがある。それと同じで、ヒュ〜と口をすぼめて言ってみてごらん。意識が遠のいていくよ。何回かやっているると感覚でわかってくるはずじゃ」

「そういえば、江戸時代にワープした体験話が動画に出ていたけれど、きっかけがやはりとんびの鳴く声だったわ！　リュウ〜（龍）という響きも似ているのは、そこから来ているのかしら？」

「言霊、音霊《おとだま》、響き、マントラなど波動にかかわるものは、龍にもかかわっているのじゃ

〜」

「ヴォイスヒーリングをするようになって、ますます意識するようになったの！」

「啓子の発する愛の波動のヴォイスヒーリングは、とても波動が高いから、龍は気持ちよく天高く飛べる。場の浄化や人々の意識の浄化ができるのだから素晴らしい！」

「まさか龍にヴォイスヒーリングを認めてもらえるなんて、ビックリ！　とっても嬉しい！　本当に涙が出るくらい嬉しい！」

「それはよかった！　いくらでも褒めてあげるよ〜。ヴォイスヒーリングは気持ちいい〜。だから奇跡が起きやすい〜。言霊、音霊、響き、マントラ、ヴォイスヒーリングに乗って、龍は天空を舞っているし、高い響きに乗ってくる人々を待っているんだよ〜」

「魂の響きを整えたらいいのね〜」

「そのとおりじゃ。高い響きで龍が舞う〜」

龍からとても大切なことを教えてもらいました。思いがけない展開です。

松の木は龍の木。直観を司る松果体《しょうかたい》が活性化します

私には天使や龍のほかに、大切な存在があります。それは木です。

龍にそっくりの木があります。とても東洋的な松の木です。

神社には必ず松林がありますが、松の枝は龍の手のようですし、表面の木の皮は龍の鱗にそっくりです。

松ぼっくりが、ちょうど龍の玉のように見えます。

実際に、私たちのおでこの真ん中にある「第三の目」の奥には、松ぼっくりのような名前の「松果体」という内分泌器官があります。

松果体は、直観やインスピレーションを司る大切なエネルギーセンターです。

実際に松ぼっくりを見たり、触ったりすると、松果体が活性化されて、直観が冴えてきたり、素晴らしいアイデアが浮かんだり、感動的なインスピレーションが湧いてきたりします。

私が診療で、患者さんの過去生のイメージを見ることができるのも「第三の目」である松果体のおかげです。

二〇一六年からはじまった過去生療法セミナーでも「第三の目」を活性化するために、松ぼっくりを持って瞑想するプログラムがあります。

一万二〇〇〇年前、大西洋に沈んだアトランティス大陸の文明では、「第三の目」を最大限に活用していたので、松果体がピンポン玉くらいの大きさに発達していました。

今の文明になってからは、あまりスピリチュアルな能力を使わなくなって、松果体は八～九ミリと小さくなっています。

龍の時代が来た今、松果体を活性化して「第三の目」を復活させましょう!

身近にある松に意識を向けてみてください。散歩のときに気に入った松の木があったら、タッチしたりハグをしましょう。

神社に行ったときは、龍のパワーと交流するだけでなく、松林で松ぼっくりを拾いながら、松果体（第三の目）をしっかりとパワーアップさせましょう。

日本には、松竹梅という三つの段階があります。お寿司でもウナギでも、松竹梅のうち、松がどこでもメニューのトップです。値段が高く内容もいちばん上等という意味です。ちょっと奮発して、松のお寿司やうなぎを食べてみましょう！

「奇跡のリンゴ」の木村さんが体験した龍

無農薬のリンゴ作りに挑戦して、見事七年目で達成した木村秋則さんの著書『すべては宇宙の采配』（東邦出版）に龍との遭遇の話がありました。

木村さんが一七歳（高校二年生）のときに、田んぼ道を自転車でゆっくりと家に帰る途中、時間が止まって、歩いていたおじさんが片足をあげたまま静止していたそうです。

その横に巨大なワニのような龍が現れて、松の枝につかまるとまっすぐに天へ昇っていったそうです。

私も同じような体験をしていたので、この話を読んでとても親近感を持ちました。

木村さんが龍を見たのはそのときだけではありません。三〇年後に北海道の旅で、アイヌの聖なる山の手前を龍が飛ぶのを八人で見たそうです。龍が通り過ぎたあとには、虹色の光が残ったそうです。「八」は龍の数字ですから、八人で見たというのが面白いですね。

「龍のエサは何ですか?」ブータン国王と、小学生の対話

二〇一六年七月に、憧れの国ブータンに行きました。貧しいけれども国民の九六パーセントが幸せを感じているという素晴らしい国です。その秘訣を知りたくて行ってみました。

ブータンは龍の国で、龍がいっぱいいるので奇跡の連続でした。

まず、**国旗が龍です**。そして国王が心も顔もイケメンで、奥様もお美しいです。

日本が三・一一の震災に遭ったとき、被災地に真っ先に来てくださったのがブータン国王ご夫妻でした。被災地の小学生たちに講演をされたのですが、それが素晴らしい内容で、大人たちも魅了されました。

「みなさんは、龍を見たことがありますか? 私は龍を見たことがあります」というビックリなはじまりです。そして「心に龍を育てましょう!」という内容でした。

男の子が質問をしました。

「龍のエサは何ですか?」

国王が即答されました。

「それは、体験です！」

さまざまな体験をすることで龍が育つという発想に、聴いていた人はみんな深い感動に包まれました。

私はこんな素晴らしいメッセージを運んでくれた国王の国に行ってみたいと思ったのです。

案の定、飛行機から降りて、すぐに感じました。それは今までの海外旅行では味わったことのない「安心感」でした。

平和なエネルギーがあふれていました。

龍を国旗にする奇跡的に平和な国ブータンは、空港という国の入り口から素晴らしい波動が満ちていました。優しい響きが広がっていました。

国王ご夫妻の大きな笑顔の写真が滑走路や税関に飾られていて、優しく歓迎してくれました。さらに大きな柱には、ブータンの国旗の色のオレンジと黄色の龍が絡まり、幸せなエネルギーを醸し出していました。

ブータンには、スリがいません。犯罪がないのです。

ホテルでも部屋に鍵をかけません。カメラを忘れても届けてくれます。

「こんなに笑顔でいっぱいなのはどうして？」とガイドさんに聞いてみたら、小学校で毎日、授業の前に「平和の祈り」をみんなでするそうです。

祈りが生活の根底にあるので、人の物を盗むという発想がないのでしょう。盗むという行為は、自分が寂しい思いをするからしないのだそうです。

また、古いお寺を訪ねるために、車で一四時間も移動しましたが、山国なのにトンネルが一つもありません。

崖っぷちをタイヤを半分浮かせながら対向車とすれ違うので、ハラハラドキドキです。どうしてトンネルを作らないの？　と思いましたが説明を聞いて感動しました。

ブータンの人々は、自然も生きているという発想なので、山にも大きな穴を開けたくないのだそうです。龍と自然と人間が、うまく溶け合っている平和と調和の素晴らしい国でした。

虫一匹のいのちでも大切にします。タンパク質を取るために、食事のお肉類は輸入するそうです。そこはちゃっかりしていて面白いです。

ブータンの国花ブルーポピーを見たくて、チェレラ峠（標高約四〇〇〇メートル）を訪れましたが、あいにく一週間前に咲き終わり、すでに種になっていました。それでも「一つでいいから花を見せて！」とお願いしました。

霧がかかっていたので龍にお願いすると、聞き届けてくれました！　一つだけ、ブルーポピーの花を見つけられたのです。

よく見るとパープルポピーでした。青から紫へと、さらにスピリチュアルになって登場してくれました。紫色の奇跡のブルーポピーに大感動でした。

ちょうど日本から来ていた「ブルーポピーを見るツアー」の人々が必死で探していたので教えてあげたら大喜びしていました。素敵な奇跡をシェアできて、喜びが何倍にもなりました。

奇跡は次の奇跡を呼びました。それは、ブータンの高山にしか咲かないイエローポピーとの出会いです。

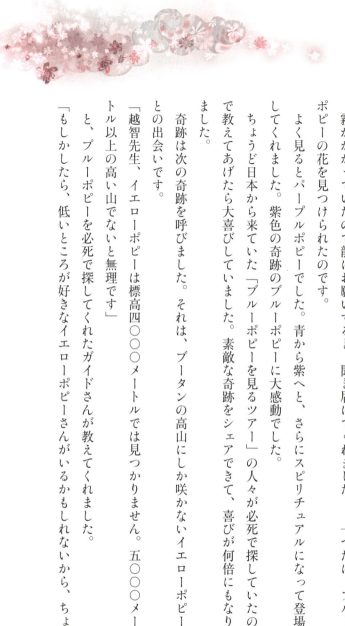

「越智先生、イエローポピーは標高四〇〇〇メートルでは見つかりません。五〇〇〇メートル以上の高い山でないと無理です」

と、ブルーポピーを必死で探してくれたガイドさんが教えてくれました。

「もしかしたら、低いところが好きなイエローポピーさんがいるかもしれないから、ちょ

っと探してみて～」と、ゆるゆるにお願いしてみました。もちろん私も祈りました。すると、

「イエローポピーがありました～！」

ガイドさんの元気な声が山に響きました。

そのイエローポピーは、一つの茎からたくさんの花が咲いていました。優しい透明感のあるイエローポピーの花が、疲れた身体を癒してくれました。たくさんの奇跡をもたらしてくれたブータンの龍、ありがとう～！

奇跡は奇跡を呼び、もっとすごい奇跡を体験しました。

せっかくですからブータン国王ご夫妻にお会いしたいと思って、ガイドさんにお願いしてみました。でも「それだけは、絶対に無理です！　無理、無理、無理！　僕も会ったことないです！」と、とことん否定されました。でもそこまで言われるとかえって燃えてきて、龍にお願いしました。

するとなんと国王の妹さん、美しいプリンセスにパレスで偶然お会いできました。

ブッダの悟った日、七月八日はちょうど祝日で、たくさんの人々が民族衣装を着て、パ

レスに祈りを捧げに来ていました。私が入り口で待っていると、人払いがあって、プリンセスが四人のＳＰに囲まれて登場されたのです。近かったのでにっこり笑顔で会釈ができました。

ガイドさんは異常に興奮して叫びました。

「僕、はじめてです～！　ロイヤルファミリーに会えたのははじめてです～！　すごく嬉しい～！　越智先生は不思議な方ですね、何でも叶えてしまう～！」

「あら、祈りが通じただけよ～」

実はその日、ブータンの観光会社の社長さんの特別なはからいで、私はブータンの「王子誕生祝いの植樹」をしたのです。ですから、その愛が通じたのだと思います。

国王ご夫妻に待望の王子様が誕生したお祝いに、国民が一〇万本の植樹をしたという素敵なニュースを聞き、私はダメもとで、お仲間に入れてほしいとブータンの観光会社の社長さんに頼んでみたのです。それを社長さんがとても感動してくださって、植樹の前日に夕食をご一緒して素晴らしい前夜祭をしました。

そして、その会社が植樹のために買ったという土地に植えさせてもらったのです。

植えたのは松の木の苗でした。指定したわけではないのですが、自然に松の苗になりました。やはり、〝龍つながり〟だと思います。

松の木は、龍の木です。

「龍の木の苗」＝「龍の子」を、龍の国ブータンに植えることができて、感無量でした。

「あと五〇年で、松ぼっくりができますよ！」と言われました。

先述しましたが、松ぼっくりは「第三の目」を活性化するので、過去生療法セミナーで活用しています。私はつい、ブータンの大きな松ぼっくりを手に入れたくなりました。ガイドさんや運転手さんが応援してくれたおかげで、大きくて細長い松ぼっくりを、たくさん持ち帰ることができました！

松の木がたくさんあるのは、さすが龍の国です。だからブータンの人々は精神性が高く、自然体で、犯罪もないのでしょう！

仏教が自然に浸透している素敵な国でした。

おトイレ休憩に寄ったお店で、ブッダが菩提樹の下で祈っている像を見つけて一目惚れしました。それは真鍮《しんちゅう》と山珊瑚、ラピスラズリ、クリソコラでできた赤、青緑、紺色というカラフルなブッダ像でした。

重かったのですが持ち帰り、さっそく「天の舞」の瞑想ルームの「龍玉ちゃん」のそばに置きました。エネルギーがぴったり合って、しっくりきます。

その後、その像を座禅断食会に持参しました。

食べることが大好きな私が、ひょんなことから、春と秋の年二回行われる沖縄での座禅断食会の主催者になってしまいました。

二〇一六年二月の座禅断食会のときはハワイ帰りだったので、時差ボケのまま座禅に参加することになったのですが、主催者であり、みんなの前に座るので眠るわけにはいきません。

そこで、菩提樹の下のブッダが、私が船をこがないようにと守ってくださると思って、その像を持っていったのです。

最初の座禅のときに、ビックリ現象が起きました。

大きくて派手な龍が二柱、目の前に現れて、見事な舞を見せてくれたのです！　おかげで船をこいでいる場合ではなくなりました。

龍の舞は、ほかの参加者さんにも見えていたので、さらにビックリしました。ある女性には、白黒で見えたそうです。私にはオレンジ色と黄色の派手な龍に見えました。

「なぜ座禅のときに、派手な色の龍が二柱も出てきたのかしら?」

座禅を指導してくださる野口法蔵師匠の奥様、令子さんが教えてくださいました。

「わかったわ！　この仏像はブータンから来たから、ブータンの国旗の龍よ〜！」

えーーーーっ！　ブータンの国旗の龍が来てくれたの〜⁉

そういえば、ブータンの国旗は、オレンジ色と黄色をバックに龍が描かれています。本当にこんなことがあるのかとビックリでしたが、ますますブータンの菩提樹ブッダ像が愛おしくなりました。

派手な龍たちのおかげで、なんとか無事、座禅断食会をやり遂げることができました。最終日には、濃くて大きな太い虹が二本も出るという天の祝福がありました。また龍の応援を感じることができました。

嬉しいことに、どこにでも龍がついてきてくれます。

龍に好かれるには、自分のことだけ考えないで、いつも、みんなのことを考え行動することだと思います。

自分が置かれた場所で、愛の言動をしていれば、必ず龍は助けてくれるのです。

それを知っているだけでも、普段の生活が心強くなります。

天使は、そばにいる存在。龍は、望んだ人だけがつながれる存在

「天使と龍との関係は？」と聞かれたことがあります。

いつもそばにいてくれる守護天使は、私たちの右上にいて細かいアドバイスをしてくれます。

守護天使は私たちが生まれる少し前から、そして寿命が来て光にエスコートしてもらうまでの間、ずっとそばにいてくれます。

守護天使はどの人にももれなく、必ず一人はそばにいてくれるのです。

一方で、龍は各自に必ず一柱そばにいるわけではなく、望む人にはつながって、上空にいてくれます。

龍にもいろいろあって、ピンからキリまであります。

西洋ではドラゴンといって悪者の象徴になっていますが、それは四次元龍のことです。

映画などに描かれているドラゴンは、鱗がなく熊のように毛がふさふさとあり、翼もあり

ます。翼を広げて飛ぶのです。もちろん固い鱗を持つドラゴンもいます。

五次元以上の光輝く龍は、龍神といって神様扱いです。

五次元以上の龍神たちは、西洋ではほとんど話題にされず、代わりに大天使として人気があります。

東洋での龍神は、西洋では大天使と思っていいでしょう。どちらも光の存在で、表現が違うだけです。

ちなみに、飛行機を飛ばすのは、東洋では龍の働きですが、西洋の場合は大天使の働きです。東洋には龍神、西洋には大天使。好みの問題です。

赤龍は、大天使ミカエル。

青龍は、大天使ガブリエル。

緑龍は、大天使ラファエル。

日本の神社と、西洋の教会のようです。それぞれの文化に合わせた神との仲介役が存在しているのです。自分が親しみやすいほうを選んでみましょう。

私の場合は、途中で守護天使と龍が入れ代わってしまいました。

高校生のときに、私はイケメンの守護天使にプロポーズしてしまい、おじいちゃん指導霊に代わってしまったのです。これには本当にがっくりでした。

「わしも若いときはイケメンじゃった」と言うのですが、私としては「今イケメンがいい〜」のです。

仙人のような白髭のおじいちゃんに、「あの〜もしかして神様ですか？」と聞いてみました。すると、

「啓子に話してもわからんからなぁ〜」

と言います。

「大丈夫だから話してみて。何ていう名前の神様なの？」

「天之御中主神《あめのみなかぬしのかみ》じゃ！」

そう言われて私は、聞いてみました。

「雨を降らす龍神さん？」

「だから、言いたくなかったのじゃ〜。まぁ雨も降らすがの〜〜」

「だって、龍にも見えるわよ〜」

「啓子は見えるから隠せないの〜」

「じゃあ、龍神ということで」

「本当は宇宙神なのじゃが〜」

「宇宙の芯？　りんごの芯？　トーラス（環状の形）〜？」

と歌っていたら、

「もういいから……。とにかくこれからわしが守護することになった！」

そういうわけで、巨大な龍にも見える仙人風のおじいちゃんが、イケメン天使の代わりに、私のそばに張りつくことになったのです。とてもショックでした。

急に人生の背景がヨーロッパ風から、和風か中国風に変わってしまいました。フレンチレストランに入ったつもりが、和風料亭か中華レストランに変わってしまった気分です。

でも、その大きな失望は素晴らしいわくわくの流れになりました。

そのおじいちゃんは宇宙神なので、オールマイティにいろんなことをよく知っていて、とても便利だったのです。しかも大きな龍体なので、すごいスピードで移動でき、スケールも大きいのです。

私はだんだんと、イケメンでないことはどうでもよくなり、おじいちゃんのスピードとスケールの大きさに魅了されていったのです。

それから二〇〇八年、天使の本を書いてと依頼があったときに、天使を意識するようになって、今の守護天使「桜ちゃん」がついてくれるようになりました。それが『天使の世界へようこそ！』（徳間書店）です。

最近は、天使的な意識がメインで、ときどき龍の意識になります。でも、こうやって龍の本の依頼が来てから、懐かしいおじいちゃん指導霊が戻ってきているので嬉しいです。

こうやって私のように天使と龍の両方を使い分けて、応援してもらうこともできます。

ヨーロッパで何度も人生を体験したことがある魂さんは、きっと天使的な見方がしっくりくると思います。

日本や中国など、アジア系の過去生を何度も体験した魂さんは、自然に龍神を意識できると思います。

両方、バランスよく体験してきた魂さんは、臨機応変に、そのときの気持ちで大天使にしたり龍神にしたりとお好きなように〜。

大天使も龍神も光の存在で、私たちと天をつないでくれる素敵な存在で、ともに奇跡を

起こしてくれます。

日本に生まれた私たちは、日本自体が「69」の双龍ですから、そろそろ日本人としての自覚を持って、龍とつながっていきましょう。日本に生まれた意味を、しみじみと味わうことができます。

日本の龍を奮起させ、日本人の私たちも龍意識に目覚め、素敵な奇跡を起こしましょう！

龍が喜んで応援してくれます。

龍を味方につけると、すべてがスピードアップ！

龍は普段は上空にいて、必要なときにどアップで現れます。「ちゃんといるぞ〜」と大きな顔を近づけて、頭に乗せてくれます。そして一瞬で行きたい場所に移動してくれるのです。

龍とつながると、この速さで日常生活がどんどん変わっていきます。まさにスピードアップするのです。

龍と意識がつながっていると、ドライブしていても車払いをしてくれますし、信号はすべて青、あっという間に目的地に着いてしまうというビックリ現象を引き寄せます。駐車場に着くと、近くの車が移動して場所を空けてくれたりもします。交通事故も回避できます。

また、あっという間に仕事も終わりますし、寝ている間に宇宙旅行もできるので、とても楽しいです。

龍はスマホ並みに、いえそれ以上に素晴らしい検索機能を持っていて、どんなことにも答えてくれます。わからないことがあると、時空を超えて案内してくれます。

夢の中では自由自在です。三次元よりも夢の中の「自由自在世界」のほうが面白くなってきます。

悩むという意識が消えて、ぐだぐだと考えることがなくなります。

やるしかないという前提が、しっかりと人生観の根底にできて揺るがなくなります。周りの影響を受けなくなるのです。

龍とつながると、別の次元のチャンネルに切り替わるので、そういうことが本当に可能になります。

そのためには、意識が自由であることが大切です。
固定観念にしばられていると、せっかくの龍とのつながりが断ち切られてしまうのです。

あるとき、龍がニール・ドナルド・ウォルシュ著『神との対話』（サンマーク出版）という面白い本を勧めてくれました。

本屋に行ったとき、「この本を読みなさい。第一巻はまどろっこしいから、第二巻、第三巻、それから第一巻に戻りなさい」と、読み方の順番まで教えてくれました。

また、はじめてインディアンの聖地、アメリカのシャスタ山に行ったときも、尾根に龍体を横たえて、気持ちよさそうにエネルギーの充電をしていました。

「ここは、地球の第一チャクラだよ～。アンドロメダ星雲とつながっている。そのうちまた来ることになるよ～」

と教えてくれました。そこはたしかに、あちこちに赤い渦巻き状のエネルギーが見えて、不思議なパワーを感じました。

そして龍の予言どおりに、私は二〇一四年に再びシャスタ山に行くことになりました。

龍とつながると、必ず人生がダイナミックになっていきます。

地球レベルの意識に変化するのです。

日常生活だけでなく、日本や世界の動きが気になるようになって、世界観が広がります。

自分の親しみやすい分野だけでなく、ほかの世界にも関心を持つようになって、意識が広がり、その影響を日常でも受けるようになります。

世界が広がることで、毎日の生活の楽しみも増えてきます。

ニュースの見方も、他人事ではなく自分事となって、すぐに祈れるようになってきます。

自分の愛が世界のいろんなところに届くようになるのです。

知識が広がるから、世界が広がる

第一章で紹介したように、うっかり必死の思いで台風を飲み込んでしまったことがありました。お腹がパンパンに張って、お腹の中には小さい子龍がたくさんいました。

そのときちょうど、アメリカの大統領選でした。

私は若いときから海外旅行をすると、いろんな国の面白い柄のトランプを集めているので、大統領選のとき、ついに生のトランプさんが登場してきたのでビックリでした。

トランプさんはお金持ちだし、今までのように「権力大好きチーム」の人かと思っていたら、選挙演説の内容を詳しく読んでみて、またビックリしました。トランプさんは、とてもまっとうな人です。「権力大好きチーム」に牛耳《ぎゅうじ》られてきたアメリカを、国民に取り戻そうとしていました。

私はトランプという名前にも惹かれましたが、彼のポリシーにも魅力を感じて、応援するために龍を派遣したいと思いました。

祈りながら、必要と感じるままに、小さい子龍をトランプさんに派遣していたら、龍から解説がありました。

「トランプさんは、赤龍じゃなぁ〜。燃えて炎を噴いている！　なかなかのパワーを持った龍じゃな〜。このパワーなら、難しい状況でのアメリカ大統領もやっていける〜。頼もしい魂じゃ〜。ちゃんと赤いネクタイをして、赤龍としての自覚もある〜」

トランプさんのパワフルな心意気を、龍も気に入っていました。

マスコミは、アメリカも日本も「権力大好きチーム」の配下なので、トランプさんをバッシングしていました。私はそれを知って、さらに応援したくなりました。トランプさんの若い頃の写真を見ると、なかなかのイケメンです。ますます応援したくなりました。

子龍を派遣することになったおかげで、私は日本にいるのに、アメリカの大統領選にすっかり参加している気分になり、開票のときにはわくわくしました！ めでたくトランプさんが大統領になって万々歳です。

さっそくTPP（環太平洋パートナーシップ協定）を反故《ほご》にし、日本の医療と農業への心配が吹き飛びました。赤龍さん、なかなかやります。有言実行です。

龍がたくさんトランプさんの周りを固めていますので、いのちも守られています。ホワイトハウスに住むのは危ないと思っていたら、ちゃんとトランプタワーに住むことになったので、ほっとしました。

さらにお金はあるから、大統領としてのお給料はいらないと言って、受け取らないところもかっこいいです。でもそれは憲法違反になるということで、月一ドルのお給料をもらうことになりました。なんて粋な大統領！「よっ、大統領！」と呼んであげたいです。

自分の利益よりも国益を考えて、実際に行動するタイプを龍は応援するのです。

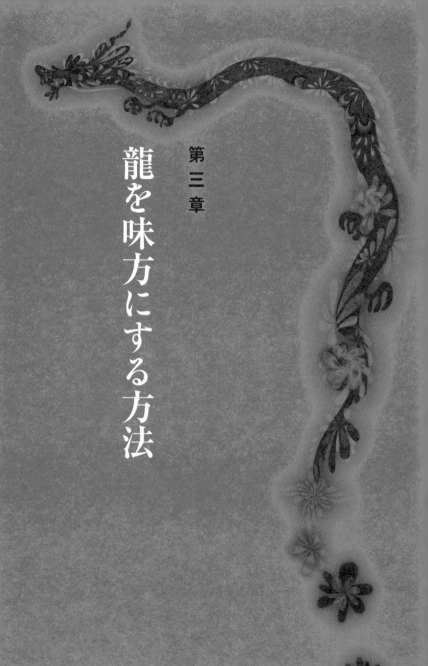

第三章

龍を味方にする方法

龍にお願いをするときは、シンプルに素早く！

第三章は、いよいよ龍と仲良くなる具体的な方法を紹介します。

守護天使さんは、誰にでも必ず一人はついていますので、ちょっと意識してあげると、とても喜んでますます応援してくれます。天使には、自分が呼びやすい名前をつけてあげると、いろんなことがとてもスムーズに運びます。

私は守護天使さんを、大好きな桜からイメージして、「桜ちゃん」と呼んでいます。龍の取材で台湾に旅行に行くときに、今話題の龍の本、小野寺S一貴著『妻に龍が付きまして…』（東邦出版）を持って行くといいと桜ちゃんから勧められ、道中とても面白く読みました。

この本では白龍にガガと名前をつけて、妻のワカさんが日常で密に龍と対話しています。楽しく弾んだ魂を龍神は好むのだそうです。たしかに私も楽しく弾んだ魂です。だから龍がたくさん寄ってくるのでしょう。

白龍ガガとの対話は、まるで私と桜ちゃんとの日常の対話のように、楽しく書かれていました。

また守護天使のように名前をつけて、ずっと張りついて応援してくれる龍もあるのだと知って、新鮮に感じました。

私の場合は、名前をつけずにそのまま「龍〜」と総称で呼んでいます。

「龍〜、お願い！　お天気をよろしく！」

「龍〜、お願い！　台風の進路を変えて〜！」

「龍〜、乗せて！　○○に飛んで行きたいの〜」

このように、お願いごともシンプルです。

いつも空を飛んでいるので、近づいてくる一瞬、シンプルに勝負です！

たくさんのお願いよりも、今いちばんお願いしたいことを、シンプルに、テレパシックに伝えましょう！

もちろん、龍は生身の私たちを頭や背に乗せてくれるわけではないので、

「龍〜、近くのスーパーまで行きたいの〜。頭に乗せて！」

というわけにはいきません。スーパーまではいつものとおり、車か自転車、近いなら歩

くのがいいでしょう。

龍が乗せてくれるのは、私たちの意識だけです。

ダイナミックに意識の旅をしたいときに、龍はしっかりと私たちの気持ちを乗せて、そこへ確実に連れて行ってくれます。

もっと具体的に説明すると、気になっていて、行きたかったけれど行けないという場合です。

意識だけ飛ばして、行きたいところに行くことができます。ちゃんとこちらの意識が届いて、実際に変化が起きてきます。

そのときは、祈りの形で意識を集中させ、具体的にイメージして龍に意識を乗せて飛ばします。

あるとき、どうしてもある方をヒーリングしたかったのですが、その場に行くことができないので、龍を呼んで私の意識を運んでもらいました。そのおかげで、遠隔ヒーリング以上の濃いヒーリングができました。意識が朦朧《もうろう》としていた相手の方が、夢の中でとてもリアルに私のヒーリングを感じてくださったのです。その方が目覚めてから連絡があり、バッチリヒーリングできたことを龍にも感謝しました。

そのことがあってから、私が実際に行けないときは「龍レスキュー部隊」を活用しています。

生々しい実例が身内で起きました。

甥の翔君が意識不明になって、現代医学ではどうすることもできないという状況が起きました。私はすでに沖縄に移住していたので、夜中に飛行機の便もなく、遠隔ヒーリングしかできないと思いました。

ふと思い出して、世界中のパワースポットを一緒にまわったアメジスト（第二章で紹介した鱗状に割れたアメジストです）を使いたいと思ったのですが、そのアメジストは三年間ほど行方不明になっていて、手元にはありませんでした。

そのとき、守護天使の桜ちゃんが可愛い声で、

「啓子ちゃん、新しく買ったナップザックのポケットに、アメジストが入っているわよ〜」

と教えてくれました。それは買ったばかりのナップザックで、まだ開けてもいないので、その中に行方不明のアメジストが入っているわけがありません。常識的には、とてもありえない話です。

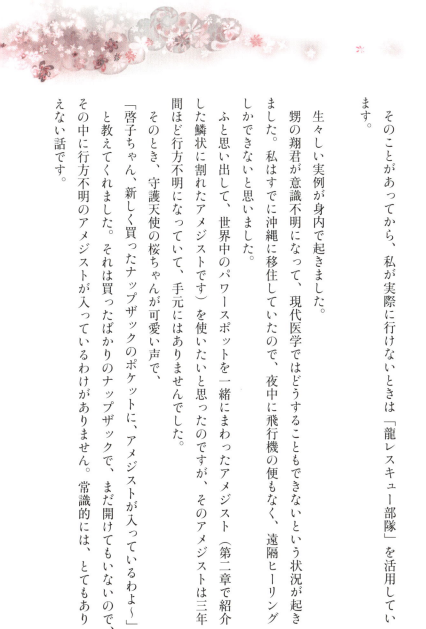

でも二〇〇パーセント天使の言うことを信じる私は、ダメもとでナップザックを開けてみました。

すると本当に、本当に、あのアメジストが入っていました！　ビックリしたのと嬉しさとで、アメジストを握りしめて、涙ぽろぽろでした！

すでに奇跡が起きたので、私は絶対に甥は目覚めると確信しました。

アメジストを握り、意識を覚醒するアロマ、ティートリーとラベンダーを嗅ぎながら、遠隔ヒーリングをするために龍にお願いしました。

「龍、お願い！　翔君のところへ連れてって！」

瞑想の中で龍に乗って飛んで行き、私はしばらく時間を忘れて瞑想とヒーリングをしました。すると義妹から電話がありました。

「お義姉さん、ありがとう！　今意識が戻ったので、もう大丈夫です！　本当にありがとう！」

最高に嬉しい報告でした。時間としては一〇分程度の出来事でした。「天使と龍のコラボ応援隊」のおかげです。桜ちゃんと龍に、愛と感謝の投げキッスをしました。

龍は人のために一生懸命に尽くしていると、喜んで応援してくれます。利他の気持ちにあふれていると、仲良くしてくれるのです。

私は薬を使わない、アロマとクリスタルのヒーリングをしてきてよかった、天使と龍に応援してもらえて本当によかったと、しみじみ思いました。

長崎の諏訪神社で、私が玉の封印を解く応援をしたことで、龍神さんが恩返しをしてくれたのかもしれない、と今は思っています。

龍のお願いも聞いて最善を尽くしていると、思いがけない奇跡的な恩返しがあるのですね！

体験を通じて、いろんなことが腑に落ちていきます。

人生は、一つひとつの意味がわかってくると、かみしめるように面白い展開になっていきます。

龍の人助けは、まだあります。台風を飲み込んで、子龍を出してしまったときのことです。

霊的に敏感で〝眠りの王子〟になっている息子さんのことで困っていた方がいたので、私は思わず「息子さんに龍を派遣したから、きっと元気になるわよ」と、子龍の〝派遣〟

を約束してしまいました。

すると、さっそく息子さんから「目が覚めたら、でかい龍がドンッといてビックリした～！」と母親に連絡があったそうです。小さい龍を派遣したつもりでしたが、あちらに届くと大きくなるみたいです。

それまで母親が何十回も電話をしても、息子さんは出てくれなかったのに、龍の目覚まし？で飛び起きたということですから、龍効果はバッチリでした。

その息子さんは、自分のところに龍が派遣されたことなど何も聞いていなかったので、本当に自然に龍を感じてくれたのです。

私自身も、「思っただけで、本当に龍を派遣できるのね、面白い！」と、感動してしまいました。「私は龍派遣ができます！」と言いたくなりました。

このように、私たちは龍たちとコラボして、お互いにパワーアップするときを迎えているのです。

私たちがシンプルに龍に意識を向けると、龍は嬉しそうに反応してきます。

龍の雲は毎日のように全国で見られます。私の親友は毎日のように龍の雲を見ているので、「たまには変わった表情もしてみて～」と頼んだら、みるみる龍の雲が「笑い龍」に変化してビックリしたそうです。龍も調子に乗って、イルカになったり、鳳凰《ほうおう》に変わったりと、次から次に飛び出して大饗宴になったそうです。

龍も意識があるので、気持ちが通じ合うと味方になってくれる楽しい性格なのです。

いつも電車や自転車を利用している友人が、久しぶりに車を運転するので、「龍～、よろしくね！」と、応援をお願いしたそうです。するとすべての信号が青になり、スイスイと運転ができて、しかも目的地の駐車場では最後の一台分が空いていたので、するりと停められたそうです。

最近は龍へお願いするのが習慣になって、高速道路で速いスピードを出しても怖くなったと、弾んだ声で報告がありました。

古くからある弦楽器のライアーという竪琴《たてごと》の奏者であり、私も二回コラボ講演会をしたことがある池末みゆきさんの龍体験を紹介します。

「白龍様は、私の自宅のある阿蘇乙姫の温泉がお気に入りです。一人で入っているときに、しばしばあれっと思いシャッターを切ると、はっきり写ります。人の足音がすると、すっと退出なさいます。私は人と思われてないのかな？

熊本の幣立《へいたて》神宮には三体の白龍様がいらっしゃいますが、奉納演奏のときにライアーの音に合わせて舞ってくれました。私にはわかりませんでしたが、聴いてくださっていた方々が複数、証言してくださいました。

終戦記念日の奉納演奏では、プロのカメラマンさんが撮影された写真に、三柱の白龍様のうちの一柱が写り込んでいました。カメラマンさんは現像してはじめて気づき、ビックリして電話してこられました。私本人はわからないのですが、不思議がたくさん起こるのですから、白龍様のご加護と思わざるを得ません。以前は天使が写り込んでおりましたが、なぜか数年前から龍神様にとって代わりました」

面白いのは数年前に天使から龍神様に代わったということです。

人生がダイナミックに変化するときに、天使から龍神様に交代することが多く見られます。

自然にそうなるときは、その流れを楽しんでください。スイスイ飛ぶようにうまくいきますよ！

龍に乗って奇跡を体験した人たち

フェイスブックを活用していますので、みなさんに声をかけて龍体験を募ってみました。その中からいくつかの龍体験談を紹介したいと思います。

私と同じように龍に乗って、飛び回った体験をした方がいました。その方は一四歳くらいのときに、実家のそばのお寺で、白い大きな龍に乗っている夢を何度か見たそうです。角につかまって、ジェットコースターのように上に下に飛び回ったそうですが、怖くはなかったそうです。

夢の中の出来事は、本当の体験です。怖い夢は、昔体験したことを思い出して解放しています。悪夢ほど潜在意識の大掃除をしています。

夢の中で見たことが現実化することを正夢といいますが、この世は幻の世界、参加型の人生ゲームのようなものなのです。

つい私たちは錯覚して、この世が現実で、あの世や夢の出来事が幻だと思ってしまいますが、実は逆なのです。それがわかると、もっと人生が楽しめるようになります。

ある方はレイキ（エネルギー療法）をはじめた頃、朝目が覚めたら、目の前の布団の上に愛くるしい子どもの白龍がいたそうです。とてもリアルで、夢ではないと感じたそうです。もちろんリアルだと思います。白龍は現実にいたのです。

もう一人の方も、心の中で龍を呼ぶと、目の前に大きな龍が顔を出してくれるそうです。それは小さな頃から現在までずっと続いているそうです。

私も同じです。同じ体験をしている方がいると、とても心強いです。

ご先祖様の代からずっと、九頭龍大神様に手を合わせてきた方もいらっしゃいました。九頭龍大神様は、とてもパワフルな龍神様です。

雨のときに「龍神様、どうか小雨にしてください」とお願いすると、車から降りて歩くときに、不思議とピタッと雨がやむそうです。

車が多いときに、「龍神様、車払い、人払いをお願いします」とお願いすると、前の車が左右に曲がってくれたり、信号がほとんど青になって時間に間に合ったりするそうです。

さらに龍神を表す「八」の番号のナンバープレートの車と何台もすれ違ったりする毎日だ

そうです。

龍を表す数字は「八」です。どうぞ覚えておいてください。

もし渋滞のときに、周りの車のナンバーが八だったら、龍を思い出してお願いしてみてください。そのあとの流れがスイスイとなると思います。

「八」は末広がりを意味します。算用数字を横にすると、無限大のマーク「∞」になります。自分という意識が無限大に大きく広がると、意識が変わって人生も好転します。

もう一人、三・一一の直後に親友と不思議な龍体験をしたSさんのお話を紹介します。

あの三・一一が起きた三日後の三月一四日のことでした。

寒くて風邪をひくと困るので、近くにあった妙心寺の龍の絵柄の風呂敷きを娘さんにかけてあげたそうです。するとそこに描かれた八方《はっぽう》にらみの龍に、

「龍使いのお前（Sさん）と、水使いのN（友だちの名前）が出会ったのは、偶然ではないのじゃ。福島の原子力発電所に行くのじゃ」

と言われて、Sさんは怖くて足がすくみながらも、電話でNさんにそのことを話したそうです。するとNさんは、

「もうすでに、大きな龍が迎えに来ている」と言うではありませんか！

「とにかく瞑想してみよう！」

ということになり、時間を決めてそれぞれの家で瞑想をはじめました。

すると、大きな龍がSさんを迎えに来て、途中でNさんも乗せて、雲の中を飛んで、あの福島第一原発に向かったのです。

龍の頭の毛はふかふかの高級絨毯《じゅうたん》のようで、まるで空飛ぶ絨毯みたいにスイスイと良い乗り心地だったそうです。

雲の中をしばらく飛ぶと、福島第一原発に着きました。

けれども、眼下に見える原発は、テレビで映し出されていた悲惨な光景ではなく、まるで次元の違う世界に来たような、音も人気《ひとけ》もない地震が起きる前のような静かな景色が広がっていたそうです。

Sさんが龍の金色の毛を握って手綱代わりにして、第三号機、第四号機、第一号機、第二号機というように、上空を飛んで見てまわったそうです。

Nさんの手からは、まるで水芸のように絶えることなく水があふれ出てきます。その水を上空から撒《ま》き続けました。

八方にらみの龍は、「よく頑張ったの〜。これでもう大丈夫じゃ！　あとは下の龍に任せて、わしは富士のほうに行くとするか」と言ったそうです。

　後日、Nさんがそのとき二人が着ていた衣装を絵に描いて見せてくれましたが、それはまるで、沖縄のはりゅう船（舳《へ》先《さき》が龍の頭になっている船）に乗るときのような白い衣装で、頭にはターバンのような帽子もかぶっていました。二人で一緒に龍に乗っていく体験をすることもあるのですね！　本当に不思議な体験談でした。


　いかがでしたか？　三・一一のときは、本当に大きな流れがあったので、龍の活躍も大きかったと思います。

　このように龍と一緒になって、災害を少しでも小さくする活動があちこちでされていました。

時空の歪《ゆが》みを修正した龍の踊り

二か月後の五月、私もインディアンが作った、龍のようにとてもパワフルなクリスタルワンド（パワーストーンをあしらった杖《つえ》）を持って、津波で一掃された七ヶ浜《しちがはま》と陸前高田《りくぜんたかた》に向かいました。津波で歪んだ時空の修正に駆けつけたのです。

自分一人では無理でも、二万人近いメルマガ会員のみなさんに呼びかけて一緒に祈ることで、きっとできると信じました。現地のスピリチュアルな天使学校の仲間たちと、もちろん龍たちの応援もあって、時空の歪みを修正することになりました。かなりスピリチュアルなボランティアです。

丸十字のメディスンホイールを瓦礫《がれき》で作って、そこを左回り、右回りとアマテラスのマントラを唱えながら、インディアンのスネークダンス（蛇踊り）をしました。

一方、上空では龍が龍ダンスをして渦を創り、それがミニ銀河のようになりました。立ち上がると、まるで理髪店にあるぐるぐる回る赤・青・白の電飾のような、巨大な光の龍柱になりました。

最初は黒っぽく見えた龍たちがだんだん光って、赤・青・白の美しい昇り龍が絡み合った光の柱になっていきました。

たくさんの御霊たちが光の柱の中に入って、昇り龍のように光に帰っていきました。

いろんな時代の混線がほどけて、天とつながる秩序正しい時空に戻っていく様子が、宇宙的な映画のように展開しました。

自然界の現象は龍が関係していることが多いのですが、三・一一は龍にはどんなふうに映ったのかを聞いてみると、三・一一の場合はそうではなく、救助のために多くの龍たちが活躍したそうです。


昇り龍で思い出したのですが、一度、龍のラブシーンを見たことがあります。

鹿児島に行ったときに、海に湧き出ている龍神温泉に法被《はっぴ》を着て入りました。急に曇ってきて、雨が降り出しました。どうせ濡れているからと、そのまま気持ちのいい温泉につかっていると、しばらくして、ちょうど斜め上のあたりにいた龍が二柱、絡まっています。

「もしかしてラブラブ⁉」

そう思ったら、「そのとおり！」という感覚が、まさに温泉のように湧いてきました。

はじめて見た龍のラブシーンは、ダイナミックでパワフル、かつ美しかったです。きっと何か新しいものを生み出していたのだと思います。シンプルに龍の子を生むためかもしれませんが、もう少し特別なものも感じました。

なぜ龍は、ラブシーンを見せてくれたのでしょうか？　やはりこの龍の本に書くためだったのでしょう！　「いつ書くの？　今でしょ！」だからです。

磐座《いわくら》は龍と出会える目印

磐座という大きな岩をご存知ですか？

磐座は自然にある巨大な岩のことをいいますが、龍と縁の深い「龍穴」の目印になるところです。

近くに洞窟があって、龍が休むにはとても気持ちがいいので、私たちも「磐座に行く」と意識すると、龍がお迎えにやって来て、磐座へ連れて行ってくれることがあります。

私も龍が待ち構えて、瀬織津姫《せおりつひめ》の磐座に案内してもらったことがありました。

二〇一四年四月、神戸で講演会とワーク、そしてヒーリングセミナーをするために那覇空港から飛び立ったとき、ふと窓の外を見ると、巨大な白龍がいてビックリ！

「何ごとですか？」

と聞いたら、

「大切なところへ案内します」

と丁寧な返事が返ってきました。

神戸までの飛行中に、白龍はときどき姿を見せて、本当にエスコートしてくれているようでした。「いったいどこに連れて行ってくれるのかしら」と楽しみにしていると、神戸空港で待っていてくれた主催者さんに、「啓子先生、瀬織津姫ってご存知ですか？」と聞かれました。

「最近、よく聞くけれど、ずっと封印されてきた方ね」

「まだ、私も行ったことがないのですが、瀬織津姫の磐座に行ってみませんか？　六甲比《ろっこうひ》命大善《めだいぜん》神社という、知る人ぞ知る小さな神社です」

「そこだわ！　那覇空港から大切なところに案内したいと、白龍がエスコートしてくれたの。ぜひ行きましょう。白龍の案内ならきっとたどり着けるから大丈夫よ！」

元宝塚歌劇の男役だった彼女は、運転も得意で、スイスイと六甲のカーブを運転し、白龍も上空をご機嫌で飛んでいました。「六甲山の上美術館さわるみゅーじあむ」という森の中の素敵な美術館を通り過ぎると、広場があって、そこに車を停めたあとは山歩きです。

白龍のサイズが急にシュッと小さくなり、うっすらと白い道ができました。**白龍の道のような不思議な感覚です**。気持ちはすっかり白龍に乗っているようです。これは生の龍道かもしれません。龍道とは「龍が通る道」のことで、ゼロ磁場です。

仙人が紫色の雲に乗って降り立ったという「仙人岩（紫雲賀岩《しうんがいわ》）」に遭遇しました。やはり松の木がそばにありました。

しばらく行くと、大きな岩に般若心経が刻まれている「心経岩」にたどり着きました。これも迫力満点です。

そして瀬織津姫の磐座は、さらに巨大で圧倒される岩でした。兎《うさぎ》の形をしていますが、壮大さにその形を想像することもできないほどです。姫の磐座とは思えないほどの宇宙的な広がりを感じ、次元が違う異空間でした。

案内できたことにほっとしたような白龍の大きな顔がオーバーラップしました。

「白龍、案内をありがとう！　来ることができて本当によかったです！」

と、心の中で手を振り丁寧に感謝しました。

鉄パイプの簡単な階段の上に、地味な社務所があって、その奥が御本尊になっていました。社務所には、神戸のコンピューターグラフィックの画家、瑠璃さんの絵「天照大御神と瀬織津姫」が飾られていました。

実は、天照大御神は女神ではなく男神で、奥さんが瀬織津姫だったそうです。ところが、持統《じとう》天皇が権力維持のために、男神だった天照大御神を女神にして、瀬織津姫を封印したという説があります。

ホツマツタエという古い教えには、きちんと瀬織津姫が記述されています。そして、古代神代文字の「カタカムナ」を守ってきたのが、瀬織津姫だったのです。瀬織津姫が復活すれば、自然にカタカムナも表に出てきます。

白龍が大切なところに案内すると言ったのには、とても深い意味がありました。

そして、見えない世界を信じる医師の集まり「気の医学会」の合宿で、二〇一七年七月に、神戸のカタカムナにまつわる磐座めぐりをしました。

神戸のホテルで、磐座めぐりツアーの前に、吉野信子先生がカタカムナを探究する中でわかったことを、スライドショーで解説してくださいました。

翌日、磐座研究家の庭師、武部正俊さんのガイドで、カタカムナにまつわる六甲の磐座をまわりました。

「今日は、私、白龍が案内します！」と、このときも大きな白龍が先導してくれました。お天気もカンカン照りだと熱中症になってしまうので、ほどよく曇りにしてくれました。気持ちのいい山風まで吹いていていました。

まずは、芦屋神社です。**芦屋神社には水の神様、白龍が祀られています**。カタカムナの発祥が六甲山の金鳥山《きんちょうざん》でアシヤ族だと言われていて、このあたりがその中心に当たります。そう言えば、「アジア」は英語で「ＡＳＩＡ」（アシア）と書きます。

芦屋神社から越木岩《こしきいわ》神社に行きましたが、ここは磐座の入門としては最適な場所です。

途中に白龍がいる京都の貴船神社とつながっている小さな祠《ほこら》があって、その下は木々がねじれた異空間の場所です。

ねじれた大きな木が「啓子ちゃん登って！」とリクエストしてくるので、その木に登ってみたら、龍が登ってくるのが見えて龍の道だとわかりました。

触れたり、視点を変えてみたり、ふつうと違う行動をとってみると、いろいろスピリチュアルなことがわかってきます。

磐座に額をつけて、心の中で自分の名前、住所、生年月日、干支を唱えると、神様の名簿に登録されるそうです。

ついでに磐座の情報とパワーが自分に中に入ってきて、パワーアップできます。

磐座のトップに行くと、いくつかの磐座がお互いを支え合っていて、甲山《かぶとやま》と向き合っています。

磐座を下りてくる途中、湧水があるところで、白龍が「ぜひこの水を飲んで！」と大きな顔を見せて、その湧水が大切であることを教えてくれました。

隣に私の大好きな不動明王がいて、ひょうきんな笑顔で笑いかけてくれました。思わず愛を込めて投げキッスをしたら、一瞬顔を赤らめたのでとても可愛く感じました。

龍は笑いが大好きなので、このひょうきんな不動明王を、とても気に入っていました。

磐座をまわってみて、甲山の大切さが見えてきました。八八か所もある磐座が、甲山に向かって配置されています。どちらを向いてもパワースポットで、地場のエネルギーが渦巻いていました。

まるで、龍の交流の場、龍の世界に足を踏み入れてしまったような感覚で、次元が違っていました。

龍がたくさんいる場所は、そこだけ波動が高くなり、龍の世界とつながっています。意識が飛びやすくなり、短時間に行きたいところへひとっ飛びできます。

空海さんが桜の木に彫った、真名井《まない》御前《ごぜん》（厳子巫女）の如意輪観音像が安置されている神呪《かんのう》寺の奥に、素晴らしい波動の磐座があります。なかなかのウルトラ龍穴です。磐座まで上がるようにと、白龍がしっかりと教えてくれました。

実際に冷たい空気が噴出していて、近くに洞窟があることが推測されます。

白龍から、「そこにある龍に似た枝で、落ち葉を掃いて、穴を大きく開けて！」と強いリクエストがあったので、さっそく龍に似た枝で穴を掘りはじめました。

すると、下のほうにいた医師たちにも、涼しい風が流れるようになりました。現地の庭師であり磐座研究家でもある武部さんに、龍穴掘りの続きを託すと、「今まで気づかなかった！　これは大発見だ」と喜んでおられました。

白龍に教えてもらったとおりにしてみると、いろんな方々に喜んでもらえるので、私も役得です。

エネルギーの高いところ、いわゆるパワースポットと呼ばれるところを訪れると、龍道

とつながり、龍ともつながりやすくなります。

何よりも龍に意識を向けることで、龍もそれを感じて喜んでくれます。龍を意識して気になるパワースポットを訪ねてみましょう！　パワースポットはその人によって違いますので、自分の直観を大切にしてください。今、自分に必要なエネルギーを感じながら、いろんな場所をめぐってみると、あなたにぴったりの龍道が見つかります。すると、いつの間にか龍と仲良しになって、人生のスピードアップに役立ちます！

エネルギーがいっぱい！　全国の龍穴と龍道をめぐりましょう

龍穴、龍道について具体的に紹介しましょう。

龍道は「レイライン」という表現をすることもあります。エネルギーの流れ、道のことです。龍穴はパワースポットです。

人間の身体で言えば、レイラインは経絡《けいらく》、龍穴はつぼに当たります。

龍穴には、必ず神社があります。ただ、人があまり行かなくなるとさびれてしまい、エネルギーもちょろちょろと出てくるぐらいになります。

人が訪れてもお願いごとだけをしていると、だんだん波動が重くなって、エネルギーの穴である龍穴もふさがってしまいます。感謝の祈りを捧げると、龍道も元気になります。

お互い様なので、ただパワーをもらうだけと思わないで、愛と感謝を捧げましょう。

私たちも、それぞれがりっぱな創造主、神なのですから、思いで世界を創ることができる力を持っています。

あまりにあがめても離れてしまうし、手下のように扱っても離れて行きます。私たち人間と同じような気持ちを持っていると思えば、思いやることができます。龍と仲良くするには、思いやりも大切なのです。

私たちが歩くパワースポットとなって、龍穴の上に建てられている神社を訪問して励ましてあげると、再びパワーアップして、ドドーンとエネルギーが噴出してきます。

これからは、龍穴を活性化する神社訪問をしましょう！

ちょうど最近のテレビ番組で紹介されていましたが、日本の島は、西半分が右回り、東半分が左回りになって合わさってできたという「日本列島動きの説」があります。

日本は二柱の龍の渦が合体した、まさに双龍であり、陰陽のパワー満載の島なのです。

では、全国の主な龍穴・龍道をご紹介しましょう。

北海道

北海道は、日本の双龍の頭と尾になるところです。アイヌの酋長のパワーも感じられて、とても安心感があります。

札幌の**北海道神宮**は最高のパワースポットです。北海道神宮から大通公園までは、龍道になっています。札幌の街自体が京都の平安京のように碁盤の目になっていて、エネルギーが流れやすくなっています。

湖は龍がよく休憩する場所です。北海道には美しくて深くて透明度の高い、龍好みの湖がたくさんあります。**洞爺湖《とうやこ》、摩周湖《ましゅうこ》、然別湖《しかりべつこ》、阿寒湖《あかんこ》**などです。**支笏湖《しこつこ》**の苔《こけ》の洞門は龍穴です。もちろん、私たちも龍のエネルギーに触れることができ、心も身体も浄化されます。

神威岬《かむいみさき》、網走《あばしり》の**神の子池**、美瑛《びえい》の**青い池**など、神秘的で美しいところも、龍穴のあるパワースポットです。

羊蹄山《ようていざん》など山にも龍穴がたくさんあります。羊蹄山は富士山に似ているので、蝦夷《えぞ》富士と呼ばれます。富士山に似た山を龍は大好きです。

東北

東北も龍が大好きな場所ですが、とくに**十和田**《とわだ》は強力な龍パワーの場所です。津軽の**青池、十和田神社、十和田湖**、**岩木山神社**、旧戸来村《へらい》の**キリストの墓**、**鶴の舞橋**、**丹内山神社**《たんないさん》、**中尊寺**、**龍泉洞**、**田沢湖**、**玉川温泉**、**鳥海山**、**白布大滝**《しらぶ》、**瑞鳳殿**《ずいほうでん》、**秋保大滝**《あきう》、**五色沼**などたくさんあります。

青森には、一万六〇〇〇年前に文明があったという説もあります。「龍座」という星座から来た宇宙人が青森の文明に感動して交流してできたのが龍族だそうです。

関東地方

関東地方でのパワースポットは、まず**明治神宮**でしょう！　明治天皇と昭憲皇太后が祀られています。七〇万平方メートルの広大な敷地に、一〇万本の植樹をした人工の森で、いろんな植物が咲き誇り、都民の憩いの場になっています。初詣はずっと日本一の参詣者数を誇っています。

明治神宮の創建に大きくかかわった渋沢栄一さんのお孫さんである鮫島純子さんは、私の魂の母であり、過去生の母でもあるのですが、鮫島さんの講演会が明治神宮の参集殿で行われました。私は沖縄から駆けつけて参加したのですが、このことがきっかけとなってツインソウルのパーカー智美さんと再会でき、後述しますが木村悠方子《まさこ》さんや上江洲義秀《うえずよしひで》先生などとの素敵な出会いがどんどん広がりました。私にとって明治神宮は最大のパワースポットです。

また埼玉県大宮の**氷川神社**は、関東を中心にある氷川神社約二八〇社の総本山です。ここには龍神で有名な**神池**があります。

山では、東京の**高尾山**がとてもパワフルです。それほど標高はないせいか、なんと世界一の登山者数だそうです。

あまりにも有名な浅草の**浅草寺**《せんそうじ》は、たくさんの龍神が守護しています。雷門があるくらいですから、龍神様にはぴったりです。なんと言っても江戸文化のど真ん中で、三社祭などにぎやかなお祭りもあります。

秩父の山の**三峯**《みつみね》**神社**も、龍穴スポットです。「氣守」というお守りが有名だそうです。

そして、**箱根神社（九頭龍神社、箱根元宮）**も大好きなパワースポットです。九頭龍神社は、とにかくすごいパワーです。龍の大親分さんです。あるとき、芦ノ湖の湖面がザザザ〜と波打って、九頭龍の大親分が迫ってきたことがありますが、この迫力満点の登場は忘れられません。

日光東照宮もカラフルでパワフルな素晴らしいパワースポットです。日本を天下泰平にした徳川家康が祀られているのですから、ドーンと揺るがないパワーです。不動の心と泰平パワーを感じられます。カラフルな龍たちがいます。

茨城の**鹿島神宮**と千葉の**香取神宮**も、忘れてはなりません。ともに、勝運のパワーがあり、勝負師が好みます。金龍が待ち構えています。

東京の**増上寺**も勝運が強いです。初詣に行ったことがありますが、ここは赤龍で、東京タワーと似合っていました。ときどき東京タワーにつかまって休憩しています。スカイツリーもできましたが、やはり東京タワーの曲線美にはかなわないでしょう。龍は曲線美が大好きなのです。

あとは鎌倉の**鶴岡八幡宮**でしょう。若い頃からよく行っていますが、鎌倉全体がパワフルで大好きです。静御前《しずかごぜん》が舞った能舞台にも惹かれます。ちょっと上がって舞ってみたいのですが、入れないのが残念です。

中部地方

山梨の甲府にある**金櫻**《かなざくら》**神社**は、昇龍や降龍が守る柱があり、龍神パワーがいっぱいの場所だそうです。黄金の花が咲く桜もあるそうです。まだ行ったことがないので、ぜひ行きたいです。

愛知の**熱田**《あつた》**神宮**も、大好きなパワースポットです。三種の神器の草薙剣《くさなぎのつるぎ》が安置されているところです。

熱田神宮の左奥には、瀬織津姫の**一之御前**《いちのみさき》**神社**もあります。波動が高くて凛とした雰囲気で、とても静かです。ご祭神が天照大神荒魂と書かれていますが、瀬織津姫のことです。ここはお勧めのパワースポットです。

長野の**戸隠**《とがくし》**神社**も、龍神の大親分の場所ですから、ぜひ行きたいところです。御祭神は、天手力雄命《あめのたぢからおのみこと》で、天照大神が隠れた天の岩戸をこじ開けたパワフルな神様です。

世界最大最古のピラミッドと言われている、**皆神山**《みなかみやま》は「皆《み》な神さん」と読めて最高です。本当に私たちは、「我神なり～」。みんな神様なのです。

立山も素晴らしいパワースポットです。

そして**富士山**には、もちろん巨大な龍神様がおられます。コノハナサクヤ姫と岩長《いわなが》姫が守っておられます。全国の「○○富士」と呼ばれる富士山のような美しい形の山には、必ず龍がいます。よく龍が尾根つたいに気持ちよさそうに寝そべっています。

石川県には、**白山《しらやま》比咩《ひめ》神社**があります。全国二〇〇〇社もある白山神社の総本社で、ご祭神は菊理媛神《くくりひめのかみ》です。菊理媛神は、世直しのときに活躍する姫神です。ピンとくる方は、きっと菊理媛神様にご縁があるので、ぜひお近くの白山神社を参拝してみてください。白龍に乗った菊理媛神様を感じることができます。

岐阜県の**金華山《きんかざん》**も龍脈開始の山、太祖山と言われています。そこに**岐阜城**があるのも、さすがだと思います。

飛騨《ひだ》一宮《いちのみや》水無《みなし》神社のご神体も、**位山《くらいやま》**というピラミッドです。とてもパワフルで、巨大な龍が休むには最適です。

近畿地方

近畿のパワースポットは、**熊野《くまの》那智《なち》大社**です。那智大滝が龍に大人気です。

奈良の**春日大社**も、地の龍がシャンバラ（地球の中の世界）と行き来しています。森の中で遊んでいたら黒龍が現れて、シャンバラとつながっていることを、こっそりと教えてくれました。

天河大弁財天社《てんかわだいべんざいてんしゃ》は、芸能の神様として芸能界では有名ですが、実はここはかなり宇宙的な場所で、いろんな宇宙人がよく来ています。たくさんの宇宙人にヴォイスヒーリングを頼まれて、夜九時から本殿でヒーリングしたことがありました。ヒューマノイドだけではなかったので、いろんな体型の宇宙人がいて、とてもビビりました。時空の出入り口がいろいろあって、面白いところです。大きな金龍と銀龍が、美しくらせんを描いて舞っていました。

和歌山の**高野山**《こうやさん》は、空海さんが選んだ場所だけあって、とてもパワフルな場所であり龍穴です。洞窟もたくさんあって、地の龍は気持ちいいはずです。

空海さんも龍神とは仲良しで、湧水を見つけるときや、修行用の洞窟を探すとき、龍に案内されていました。私は過去生で空海の甥の智泉《ちせん》だったことがあるので、いろんなことを思い出しています。今また、空海さんのパワーがとても強く蘇《よみがえ》っています。

大阪の**サムハラ神社**も小さいですが、宇宙神の天之御中主神《あめのみなかぬしのかみ》が祀られているので大切です。前述した天之御中主神のおじいちゃんが、化身として龍神を何度も見せてくれたので、龍神への親近感が大きく増しました。宇宙神だけあって、龍体も巨大です。

京都の**貴船神社**にも白龍がいます。その裏側にある**鞍馬寺**《くらまでら》は、金星との交流の場としてとても有名です。毎年五月の満月の夜にはウエサク祭があって、金星から大きな母船がやって来ます。

山陰地方

大国主命《おおくにぬしのみこと》がご祭神の**出雲**《いずも》**大社**です。御神体は穴です。つまり龍穴そのものです。奥のスサノオが守っています。スサノオは角がある人で、牡牛族だそうです。スサノオがヤマタノオロチを退治したことで、自分自身の龍を退治したことになったのだそうです。牡牛にも龍蛇の要素があるのです。つまり、スサノオも龍なのです。そう考えると親近感が湧いてきませんか？

大神山《おおがみやま》**神社奥宮**も火の神岳（大神岳）があり、火の龍神がいます。出世運気の神社です。

四国地方

四国でお勧めのパワースポットは、**剣山**《つるぎさん》です。標高はなだらかですが、ピラミッドそのものです。ここに、モーゼの十戒の石が入った聖櫃《せいひつ》（アーク）が隠されているという伝承があります。映画のインディ・ジョーンズが探していたものと言えばわかりやすいでしょう。日本でのお神輿《みこし》は聖櫃とそっくりの形をしています。しかも掛け声が、「ソイヤサ、ソイヤサ」と徳島にあった東祖谷山村《ひがしいややまそん》を指しているという説もあります。

鍾乳洞《しょうにゅうどう》がたくさんあって、その中に隠されているそうですが、まだ見つかっていません。大切なものなので、龍神たちと仙人たちがしっかりと守っています。

また**大麻比古神社**《おおあさひこ》も素晴らしいです。林の中で祈っていたときに、大きな緑龍に会いました。

愛媛県の**大山祇神社**《おおやまづみ》は越智家の先祖と縁が深いので、何度も訪れています。**金亀山**《きんきさん》の上にある**松山城**も、**石鎚山**《いしづちやま》にある**石鎚神社**もパワースポットです。山が御神体です。

そして四国で忘れてならないのが、**唐人駄馬**《とうじんだば》です。足摺岬《あしずり》にある縄文時代の遺跡で、巨石一〇〇個と世界一のストーンサークルがあります。たどり着くのが大変なので、訪れる人は少ないのですが、私は若い頃に縁あって二度行ったことがあります。ピンときたらチャレンジしてください。ここも宇宙的な龍がいます。

九州地方

英彦山《ひこさん》は、山自体が御神体です。**宗像《むなかた》神社**は、交通のお守りで有名です。車は日常での龍のような乗り物です。龍のようにスピードが大好きな人は、ここで上手にスピードを楽しめるようにお参りしてください。

高良《こうら》大社は西暦四〇〇年頃に創られた古い神社です。人間関係の改善にいいそうです。熊本の**押戸石《おしといし》の丘**は、巨石がある古代遺跡です。**幣立《へいたて》神宮**も世界的に強力なパワースポットです。高天原《たかまがはら》の中心の皇祖発祥の神宮と言われ、世界の五色人のお面があり、古代から五年に一度行われる五色人祭で、世界平和を祈っています。赤人、青人、白人、黒人、黄金人の五色人に合わせて、赤龍、青龍、白龍、黒龍、金龍の五色龍が集まります。天地和合、人類和合、万物和合をみんなで拝むところが素晴らしいです。次回は二〇二〇年八月二三日に開催予定です。

沖縄

首里城、波上宮、大石林山、古宇利島、今帰仁城址、久高島、宮古島。

シンプルに龍や竜という字が入っているだけで、龍のパワーはあふれます。日本中に龍という名のつく場所がたくさんあります。

長野県から愛知県、静岡県へと流れる**「天竜川」**、山梨県と広島県、滋賀県にある**「竜王町」**、富山県の**「竜王岳」**、秋田県にあった**「八竜町」**、東京都台東区の**「竜泉」**、**「龍泉寺」**、岩手県の**「龍泉洞」**、京都の**「青龍町」**、**「天龍寺」**、**「龍安寺」**、**「竜王岳」**、栃木県の**「青竜ヶ岳」**、群馬県の**「青龍神社」**と**「龍舞町」**、茨城県の**「龍ケ崎市」**、北海道の**「北竜町」**、熊本県の**「竜北町」**、静岡県の**「竜爪山《りゅうそうざん》」**、山形県の**「竜馬山」**、青森県の**「竜飛《たっぴ》崎」**、富山県と長野県の**「五龍岳」**、熊本県、岡山県、長野県、滋賀県、大阪などにある**「竜王山」**、福井県の**「九頭竜湖」**、栃木県の**「竜頭ノ滝」**、和歌山県の**「龍神岳」**、**「龍神村」**、**「龍神温泉」**、千葉県の**「竜腹寺」**、長野県の**「北竜湖」**、**「龍岡城」**などですが、まだまだあります。

あなたが住むところにも、龍や竜の字がつく場所があるかもしれません。

もしそうだったら、龍のパワーを感じたくて、その場所を選んだのだと思います。

「地脈エネルギー」と「水エネルギー」

風水的には、二つのエネルギーの流れがあり、一つは日本列島の自然エネルギーの源、富士山を中心とした「地脈エネルギー」で、もう一つは川の流れ（水）が蛇行しているところにある「水エネルギー」です。

「地脈」には火と土のエネルギーが関係していて、赤龍（朱龍）と黒龍の担当です。

「河川」つまり「水エネルギー」が流れる道には、青龍が通っています。青龍の担当です。

前述したカタカムナ研究家であり辰年生まれの吉野信子先生ご夫妻を誘い、そして〝生龍〟の主人と四人で龍の旅と保津川下りを楽しんだときのことです。

緑色の帯状の光が信子先生のスマホに写って、さっそく青龍がお出迎えしてくれました。白い鱗のような光も青龍の帯と一緒に写るようになりました。

「川下りをするのも、龍を感じるのにいいですよ！」

と、信子先生が龍の解説をしてくれました。川の流れも、龍のエネルギーの流れなのです。**川下りをすると、直に龍のエネルギーを感じることができます**。急流になって滑るように船が進むときは、龍が空を飛ぶスピードとよく似ています。川がカーブして蛇行するときも、龍のうねりを感じられます。

もともと「龍」の字の原型は「竜」です。竜は水の中に住むと思われていたのですが、天に昇るようになってから「龍」という文字になったそうです。そして「竜」のモデルは「川」、「龍」のモデルは「雷」とも言われています。もともと川が竜だったのですね！

ブログ『自然の不思議／ポッポの雑記帳』によると、東京のど真ん中の六本木もかつては龍土町《りゅうどちょう》と呼ばれていたそうです。そこに龍土神明宮という神社があり、「土」が名前についているので黒龍の担当だったのです。

水脈もあったので、青龍もいたのかもしれません。パワーがみなぎる場所です。

きっとあなたにも龍スイッチが入る素敵な場所があります。そういう場所と出会えたら、龍とのつながりがどんどん深くなってきます。

意識が常に龍とともにあると、龍も応援しやすいのです。そして、ここぞというときに、素敵な龍ならではの奇跡を体験します。

龍のパワースポットである龍穴を思い出してみましょう。旅の途中で、龍、竜、辰、立つ、の字のつく地名に出会ったら、意識を龍に向けましょう。

龍も喜んで元気になります。あなたもパワフルに元気になります。

太陽系レベルの大展開がはじまっています。お天気のニュースなどで「記録的な〇〇」という言葉をよく聞きますが、いつものリズムとは違う現象が起きているのです。

意識がふと違う次元に飛ぶと、パラレルワールドに入り込むことができます。そこでは、あらゆることがスムーズでなめらかに動いています。もしかすると、龍はその世界へとつなげてくれる存在なのかもしれません。

その世界へ頻繁に意識をつなげることができるようになると、もう龍に頼らなくてもよくなるかもしれません。**究極は、自分でその世界へ飛べることです。**

地球での転生が最後の人は、日本を選んで生まれてきます。日本がすべての根源なので、大本に戻るのです。私も今回の人生で地球での転生は卒業です。懐かしい銀河に戻ります。龍に乗って速いスピードに慣れてから、故郷へ戻るのです。

龍に関心があるあなたも、その流れかもしれません。

引き寄せパワーを活用して龍を呼ぶ

72ページで触れた「引き寄せの法則」は宇宙法則の一つです。

「思いが現実を引き寄せる」というとてもシンプルな法則ですが、龍を呼ぶためにはとても大切な法則です。

これを知っているのと、知らないのとでは、人生が大きく変わってきます。

龍とつながるためにも、ぜひ理解しておいてください。

龍とつながるには、龍のことを思ってください。

その思いは、必ず龍に伝わります。

三次元の私たちに、かかわりたいという龍がたくさんいます。こちらから意識を投げかければ、すぐに応援に来たいという龍がいるのです。「龍なんて、私には縁がないわ〜」と思ってしまうと、そこまで龍が来ているのに、龍は近づけません。もったいないです。

「私も龍を意識して引き寄せるわ〜。龍、お願い！」と、まず思うことです。

思うことで、宇宙に龍をリクエストすることになって、龍がやって来るのです。龍は宇宙エネルギーなので、宇宙から派遣されて、応援に来てくれるのです。

龍とつながって、人生をダイナミックに変えたい方は、ぜひ引き寄せパワーを使って、龍を引き寄せましょう！

そして龍を味方にして生きる人生にしましょう！

思いが人生を創っていることを知れば、龍を引き寄せて、どんどん面白い展開になっていきます。ダイナミックな人生になっていくのです。

あなたの好きな色が、あなたにピッタリの龍の色

ではどんな龍が引き寄せられてくるのでしょうか？

それは、嬉しいことに自分の思いどおりなのです。

自分の思うとおりの龍がやって来ます。

龍は頼もしいと思っている人には、頼もしいりっぱな龍がやって来ます。龍は怖いと思

っている人には、目の鋭い怖い龍がやって来ます。ひょうきんな龍がいいと思っている人には、本当にひょうきんでユーモアたっぷりの龍が、「お呼びですか？」と笑顔でやって来ます。

龍は何でも叶えてくれると思うと、何でも叶えてくれる龍が来てくれて、本当に次々と願いを叶えてくれます。

龍とともに生きると、日常的にとても便利です。

「今日は疲れていて、庭の草木の水やりが大変だから、雨が降ってほしいなぁ〜」と主人が思っていると、龍がちゃんと雨を降らせてくれました。

龍は私たちと自然をつなげてくれる大切な存在なのです。

そのとき感じた色で、好きな色の龍を引き寄せましょう！

今までも出てきましたが、龍の色には、赤、青、緑、ピンク、紫、金、銀、黒などがあります。

好きな色の服を着ると、その色の龍を引き寄せます。華やかで美しい龍がいいと思うと、この本のカバーのような龍が来てくれます。

私はピンクの服が多いので、ピンク龍が来ます。

緑を着ると緑龍と、ブルーを着ると青龍と自然に周波数があって、近くにまで飛んで来てくれます。

「海の舞」での過去生療法セミナーの直前に、龍の絵をどうしても描きたくなって、緑青龍の絵を描いて披露しました。するとその色にそっくりの緑色のワンピースを着た参加者さんが「私のワンピースと同じ色だわ〜、緑龍〜」と、とても喜んでくれました。

沖縄に来て見つけたという、かりゆしウェアを着ている男性の参加者さんも、なんと白地に紺色のハイビスカスと龍の模様でした。

無意識にそっくりの龍の絵を描いていましたが、お互いに引き寄せ合っているのかもしれません。

彼とはサウンドヒーリングセミナーで一緒だったことがありました。シンギング・リンを持ってきていたので、金星の音が出る銅鑼《どら》と音叉、ヴォイスヒーリングのコラボで、楽しい響きを奏でました。

音や響きについては、またあとで解説しますが、**龍は音でも引き寄せられると実感しました。**

洋服の色で、好きな龍を引き寄せる！

ファッションは、大切な自己表現です。色合いが、そのまま自分の中から同じ色合いの光を引き出します。それが、龍にも響いて、同じ色の龍を引き寄せるのです。

ファッションは実はとてもスピリチュアルなのです。

赤を着ると、自分の中の赤い光線を引き出し、赤龍を引き寄せます。

白を着ると、自分の中の白い光線を引き出し、白龍を引き寄せます。

青を着ると、自分の中の青い光線を引き出し、青龍を引き寄せます。

黒を着ると、足の裏がしっかりと地について、黒龍を引き寄せます。

その光が帯状に写真に写ることがあります。とくにパワースポットに行って写真を撮ると、龍の光の写真が撮れます。緑色の光だったり、青色の光だったり、そのときどきで違います。

私も瀬織津姫の磐座や、宮古島の石庭、インディアンの聖地シャスタ山などのパワースポットに行って写真を撮ってもらったときは、斜めに緑や青の帯状の光がくっきりと写りました。

私たちの意識も高まってきたので、龍の光の写真が撮れる頻度も高まっています。

もし、自分の写真に帯状の龍の光が撮れたら、大喜びしてください。確実に龍とつながって、龍に守られています。

それでは、それぞれの龍の色の意味を解説します。

赤龍

赤龍は勇気、決断、革命、革新、変革、行動などの力強いエネルギーです。

天使で言えば、大天使ミカエルです。

とてもパワフルで、現実的なことに関心があって、決断したり、行動を起こしたり、日常生活で、とても力強い応援団になってくれます。自分を現実的に大きく変えたいときには赤龍を呼びましょう！

赤龍は、身の回りをきちんと整理整頓すると、とても喜びます。赤龍とつながると、さらにもっと片づけたくなって、ビックリするようなパワーで一気に綺麗にできます。

お掃除や片づけのときには、赤龍を意識してください。決断も早くなるのではかどるのです。

アメリカのトランプ大統領は、よく赤いネクタイをしているので、りっぱな赤龍が守って応援しています。アメリカを大きく変革するために、赤龍のようなパワフルな彼は、適任だと思います。

青龍

青龍は平和、調和、人間関係の円滑さ、交流、コミュニケーション、鎮静、落ち着きのエネルギーです。

天使で言えば、大天使ガブリエルです。

穏やかな落ち着きのある平和なエネルギーを持って、まっすぐにぐんぐん進んで行きます。スピードアップです。

婚活中の人はぜひ青龍にお願いして、素敵な相手を見つける場所に連れて行ってもらいましょう！ トントン拍子で駆け抜けていけると思います。

緑龍

緑龍は癒し、調和、バランス、林、森、植物との交流のエネルギーです。

天使で言えば、大天使ラファエルです。

自然のエネルギーにつながりたいときは、緑龍を呼びましょう！ 自然のパワーに癒されて、平和で穏やかな人生になります。

ピンク龍

ピンク龍はずばり、愛あふれる癒しです。

天使で言えば、大天使アリエールです。

今、私の目の前で、首里城で思わず買った大きめのピンク龍のぬいぐるみが見守ってくれています。私はピンクが大好きなのでピンク龍に見つめられると、心が安らいでほっとします。

花柄のワンピースを着ると、ピンク龍を引き寄せます。人間関係が豊かに楽しくなります。

紫龍

紫龍は紫の色のスピリチュアルなエネルギーがあふれています。

天使で言えば、赤龍と同じ大天使ミカエルです。頼りがいのあるタフな大天使です。

紫色のファッションを着こなすのはなかなか難しいですが、昔魔女だったり、ヒーラーだったり、スピリチュアルな人がピッタリに着こなしています。

私は髪の毛をマゼンタ色＝ピンク紫にしています。ピンク龍と紫龍を両方引き寄せているかもしれません。

紫龍は、スピリチュアルな問題の解放を応援してくれます。

赤龍は三次元的な変化のときの応援が得意ですが、紫龍は精神的にスピリチュアルな変化を求めているときの応援が得意です。

紫色のクリスタル、アメジストを持って瞑想したり、ラベンダーの香りを嗅いで瞑想したりすると、いっそう紫龍との交流が深くなります。

金龍

金龍は金運を担当しています。

お金だけでなく、ほしかった物、仕事、住む場所、人脈、恋人、伴侶など、夢実現なら何でもお任せなので、大人気です。

天使で言えば、大天使ウリエルです。

豊かさと華やかさを持っていて、ずばり金のアクセサリーが引き寄せます。クリスタルのルチルクォーツのブレスや指輪でも大丈夫です。キラキラファッションを身に着けましょう。

銀龍

銀龍は、金龍と対になっていて、夢実現でも、こうありたいという状態を引き寄せてくれます。

天使で言えば、ピンク龍と同じ大天使アリエールです。

シルバーのアクセサリーで引き寄せられますが、金銀で仲良しの双龍なので、両方引き寄せてしまいましょう。好きなだけキラキラに光らせてください。

白銀（プラチナ）龍

白銀龍は、九頭龍で最大のパワーです。

あまりにパワーが強すぎて、当てはまる天使が思いつきません。

伊勢神宮の外宮の近くにある倭姫宮《やまとひめのみや》でお参りしたときに現われた倭姫は、プラチナ龍に乗って登場されました。

人間界でも結婚指輪はプラチナが多いように、格が上がってくると色合いも違うのでしょう。

黒龍

黒龍は、片づけなくてはいけない問題にしっかりと向き合って、解決していくときに重宝します。目の前のことに全力を尽くしたいときに応援してくれます。

天使で言えば、大天使ルシファーでしょうか。

黒光りするキラキラファッションも素敵です。黒い服や物、靴を身に着けて、しっかりと自分も地に足をつけて頑張りましょう。今がそのときです。

光の世界ではコバルトブルーでしたが、闇を担当するようになってからは黒になりました。でもアセンション（次元上昇）の時代に光の世界に戻ることになったので、もう光に帰っているかもしれません。これからの変化が楽しみです。

さぁ、今日は何色を身に着けて、何色の龍を引き寄せましょうか？

自分の思いどおりに人生は展開できます。人生が修行だと思っている人は、修行のような大変な人生を引き寄せます。

人生は楽しむことだと思ってみてください。楽しい人生を引き寄せます。龍も天使も、自分の思いで引き寄せることができます。

ダイナミックな動きが好きな人は龍を、細やかな動きが好きな人は天使を、そのときの状況に合わせて、気分次第でいいのです。

人生はゆるゆるです。直観に従って動きましょう。

直観はダイナミックな流れを引き寄せます。そうなれば龍と仲良くなっている状態です。必要なものは、ベストタイミングに引き寄せられるのです。

第四章

龍の時代を生きるコツ

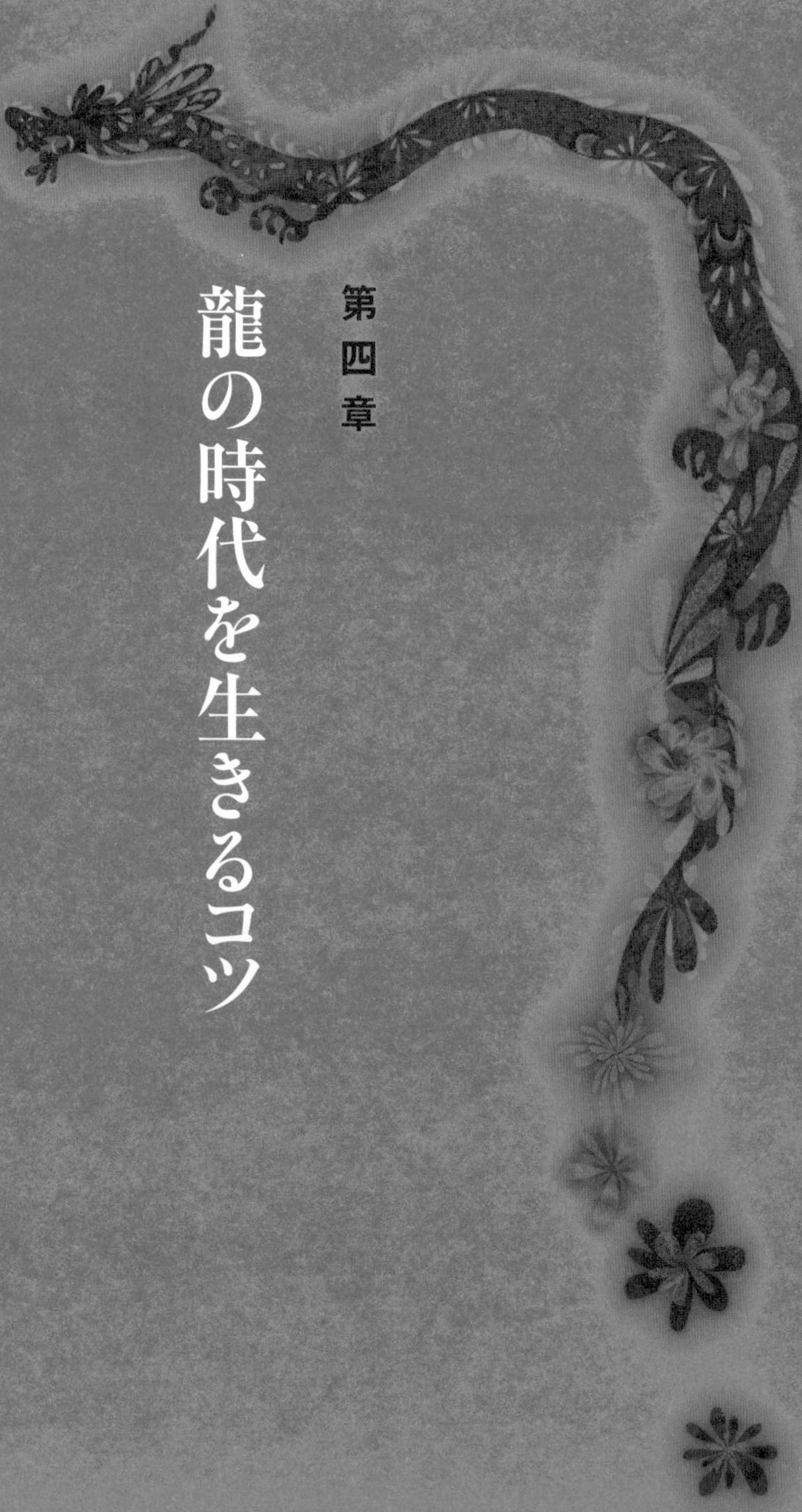

龍の国・台湾で、時代を超えた龍のパワーを感じましょう

この本を書いている間に台湾へ行きました。急だったので二泊三日の短い取材旅行でしたが、とても濃い内容で大満足でした。今までに何度か台湾を訪れたことはありましたが、龍の国と感じながら訪れてみると、とても新鮮でした。

台湾でいちばんの龍パワースポットと言われている圓山大飯店《えんざんだいはんてん》に泊まることができました。台北最強の龍穴に建つ、とても豪華なホテルです。

日本が台湾を統治していた時代の一九〇一年、この場所に台湾神宮が建てられました。このときたくさんの神社が建てられましたが、この地が台北でいちばんのパワースポットだったので、総鎮守となる役割を持っていました。そこの守り神として銅製の龍の像が創られました。

太平洋戦争中に空襲を受けて、社殿や鳥居などは破壊されましたが、龍の像だけは無傷で残った奇跡の龍像です。

戦後、この地に蒋介石《しょうかいせき》の命で総統官邸と迎賓館が創られ、一九五二年に現在のホテルになりました。

守り神となった龍の像は一九八七年に金箔が張られ、二階の真ん中に置かれています。そこは天窓があって、自然の光がさしています。

ホテルに着いた日、さっそくその金龍に会いに行きました。口から細く水が出ていて、黄金に輝く金龍は、天を仰ぎ見ていました。どことなく微笑ましいひょうきん（金）な龍です。

金龍のそばに、有名な広東料理の「金龍レストラン」があります。私のお目当ては料理ではなく、龍のようなシャンデリアです。その真下のテーブルに座ることができました。それは美しい曲線美で、繊細なガラスの棒が風になびいています。シャラシャラと優美な美しい音を奏でてくれました。

圓山大飯店でいちばん有名な龍は二階の金龍ですが、広いロビーに入っただけで、たくさんの金龍が目につきます。天井にも玉を中心に五柱の龍がいて、その周りに五芒星《ごぼうせい》のように花弁がついていて、二柱ずつの龍と、その周りの飾りにもたくさんの龍がいます。天井から降るように龍がたくさんいるのです。

階段の手すりにも壁紙にも龍がほどこされており、龍尽くしのホテルです。ここに泊まれば、龍パワーが満杯になるとしみじみ思いました。

なぜ、龍がこんなにいるのでしょうか？

台湾は、古きよき中国の時代を現しています。昔の中国のエネルギーを持っているのです。

蔣介石さんが中国本土から逃れてきて、中国の龍たちと一緒に台湾へ渡ってきました。台湾には、故宮博物館があります。もともとは、中国本土の北京にあったものです。中国本土にも素晴らしい文化があったのですが、毛沢東《もうたくとう》さんは、文明文化がお嫌いなのか、文化大革命という名の大破壊をしてしまいました。だから、今の中国には、文化的な古いものがあまり残っていません。文化人を中心にあまりにも多くの人が、この革命で光に帰りました。

でも、小さな島の台湾が中国の文化を残す大きなお役目を果たしています。

しかも、戦後日本人が日本に帰国するために蔣介石さんが援助してくれたので、戦略にたけていた陸軍中将、根本博さんが、その恩返しにと、いのちがけで通訳の人と金門島までたどり着き、毛沢東さんの共産党一万五〇〇〇の兵の侵入を食い止めるという応援ができました。根本さんの写真を見ていると、龍のパワーをひしひしと感じました。

大胆かつ繊細な活動をするためには、龍の応援が必要なのです。国の存続も、一人ひとりの熱い思いや、愛と感謝の循環で成り立っているのです。

ちょうど台湾に行ったあと、ビックリの動画を見つけました。それはずっと公開されなかった歴史で、遺族がその真実を知る旅を描いているテレビ番組でした。今の台湾総統が、金門島の慰霊式で、その遺族に感謝の挨拶をすることで、長年の疑問が解けて、お互いを認め合うという結びに感動しました。

私の過去生療法でも、過去生が中国時代の人には、解放のために台湾への旅をお勧めすることがあります。

龍の月である八月にクリニックにいらした男性の患者さんで、今の仕事をやめて新しい仕事を見つけようか悩んでいる方がいました。なんと龍が彫られた水晶玉を中国の山で掘り出して磨いていたという、龍族の過去生が出てきました。

「最近、仕事で台湾と中国に続けて行きました」と、その方もビックリしていました。

「中国で、昔龍の存在を人々に知らせるためのお仕事をされていたので、自然に台湾へ避難した龍たちを中国本土に戻すお役目をされたのです。素晴らしいですね！　ありがとうございます！」
と解説したら、目がキラキラ輝いてきて、「今の仕事でも世界に貢献できているのですね！」と思い直されたようでした。しばらく今の仕事を続けることになり、奥様も喜んでいました。

実は、龍たちもいろんなお役目を持っていて、それぞれに活動の場があります。中国本土を助けたいと、中国に戻る龍もいます。

龍は波動の高い、気持ちのよいところを好むので、そこを求めて移動しています。

私たち人間と同じです。知らないうちに、おでこの真ん中の「第三の目」、スピリチュアルなセンサーで感じながら移動しているのです。

たくさんの中国人が日本へ観光に来ているので、ふと、「ここは中国かしら？」と錯覚するほどですが、これも大きくとらえると、龍が戻れるためのプロセスかもしれないと、心地よく受け止められるようになりました。

台湾でも圓山大飯店に泊まって大量の龍パワーに触れて、しっかり「第三の目」が活性化されました。

最強のパワーを持つ龍山寺の深い信仰

翌日、名前に引かれて龍山寺に行ってみました。

名前のとおり、龍が山のようにたくさんいるお寺でした。

龍山寺は、圓山大飯店同様に台北最強のパワースポットと言われていて、聖母観音様や道教・儒教の神様が祀られています。

そこも、屋根から柱から、龍だらけでした。屋根の上にはとてもカラフルな青と緑の龍が、飾りとしては大きく派手に載っていました。派手好きな私には、たまりません。

龍パワーに感動しただけでなく、龍山寺のご本尊の聖母観音様に対する信仰の厚さに感動しました。たくさんの人々がいっせいにお経をあげていて、尼さんたちが多いことにビックリしました。太平洋戦争のときに、空襲を逃れてここに来た人々が大勢いたのですが、誰一人怪我もせずに守られたそうです。私もお参りしたときに、龍に乗っている聖母観音様のイメージが出てきたので、本当に龍が関係しているのだと、しみじみ体感しました。

読経が終わって龍山寺を出たとき、雨が降ってきましたが、すぐにタクシーが拾えて、そのまま故宮博物館に向かいました。台風九号が近づいていました。

博物館の前に着いたら、パーッと晴れたので龍に感謝しました。

壮大な博物館の中は、かなりの人々であふれていました。人だかりがあって並んでみたら、翡翠《ひすい》でできた白菜で、大人気でした。

龍ではなく、白菜？

翡翠としてはとても大きくて素晴らしい石です。白菜の上にバッタがいます。翡翠の色の変化をたくみに活用していて、いたく感動しました。

龍グッズもホテルのお土産屋さんにたくさんありました。とくにカラフルな龍の陶芸品が素晴らしかったです。

中国の南の広東省の交趾《こうち》焼きで、台湾には一八世紀に入りました。もとは中国大陸のものでした。

台湾の龍の置物は、どれもひょうきんで明るくて大好きです。緑、黄色、ピンク、青、藍色、オレンジ、白とカラフルで、派手好きの私にはぴったりです。

いろいろ買い求めていたので、お店の人が地下にある**「五彩瑠璃九龍壁」**まで案内してくれました。これは北京の故宮にあるものをモチーフに作られたもので、九柱の龍が宝珠《ほうじゅ》と戯《たわむ》れている様子を五色の瑠璃版で描いたものです。二階の金龍の次に大切な龍です。

ホテルに着いてすぐに、フロントで見たいとお願いしたところ「今は見られません！」ときっぱり言われてがっくりしていたのですが、運よく案内人が現れました。

九龍壁が見られて本当に嬉しくて、沖縄に戻ってからさっそく龍パワーのおすそ分けにと、九龍壁の写真を残暑お見舞いとして縁あるみなさんに送りました。

龍の本を書くことで、思いがけず台湾に〝龍旅行〟に行くことができました。念願の取材旅行も体験できました。

帰る日の便が夕方になっているのに気づいた主人が「えっ、何でこんなに遅い便を取ったの？　もっと早くていいのに。早く帰りたいね！」と言っていたのを聞いて、龍が台風を二つも用意してくれました。台風のおかげで自然に早い便に切り替えることができました。

龍と〝生龍〟の主人に守られて、ここまで頑張って生きてこられたことをひしひしと感じて、胸がいっぱいです。

クリニックに集まる龍の時代を生きた人たち

クリニックには、続々と龍族が集まってきます。

一七歳の自閉症の男の子が進路の相談で、お母さんと一緒にクリニックに見えました。

この男の子は小学校一年生のときに、突然粘土でりっぱな龍を作って、「龍神！」と叫んだそうです。

中国時代に龍の置物を作っていた過去生のイメージが出てきました。今回の人生でも、龍の絵を描いたり、陶芸で龍を作ったり、創造性豊かな表現をしてみることをお勧めしました。

眉が太くて目も大きく、龍のような凛々《りり》しさがある青年でした。粘土で龍を作ったのも中国時代の才能が突然開き、思い出したからだと思います。

才能は、過去生で体験したことです。

過去生で一生懸命に体験したことは、才能として身についています。何かの刺激でスイッチが入って開くことがあるのです。

もう一人は、八才の男の子を持つお母さんが来院されました。男の子はクリニックに来院されませんでしたが、お母さんの悩みに関する謎解きをしているとき、龍の話が出てきました。

江戸時代の過去生が出てきて、今と同じように親子でした。江戸の大火事で両親が亡くなり、息子だけが生き延びて、寺にあずけられお坊さんになりました。そして、お寺の天井に龍を描くようになったというイメージが出てきました。

なんと息子さんは今も龍の絵を描いているそうで、お母さんがビックリされていました。

そしてもう一人は、両親とともにはるばる本土から来てくれました。

龍和君《りゅうと》といって小学五年生の男の子です。

「字の悩みで来ました」

「えっ、まだ若いのに痔《じ》があるんですね～」

「いえ、文字の字です」

「アッ、失礼しました。まだ医師の意識が残っていて、つい痔を思い浮かべてしまいました。字の何が悩みなのでしょう？」

「すごい速さで字を書くので、読めない字になってしまうのです。しかも急いで書くので、漢字を使わずに、ひらがなばかりになってしまいます。このまま中学生になっても大丈夫かしらと心配なのです」

ご本人も自分のノートを持ってきて、いかに字が踊っているのかを見せてくれました。

「龍は、スピードがいのちなので、どうしても急いで書いてしまうのです。とてもパワフルなので、こんな小さなマスに書くのは難しいはずなのに、よく書けていますね。あっぱれです、龍ちゃん！」と感動して褒めてしまいました。習字はとてもダイナミックに書くので、褒められるそうです。

大きな字は龍のパワーを発揮できるので、素晴らしい字が書けるのです。

龍の大好きな球体のゴールドカルサイトと、クリアクォーツのクリスタルを握ってもらって、ヒーリングをしました。

芦ノ湖の九頭龍がドーンと出てきたので、ぜひ九頭龍神社へのお参りをお勧めしました。白龍の鱗がキラキラとシルバーに輝いていたので、プラチナ龍だと話しました。

江戸時代のある村の龍で、お天気の担当として頑張っていたイメージも出てきました。そのときの村長が今生の父親で、姉が巫女でした。日照りが続くと、巫女が舞って雨乞いの儀式をします。そして龍が雨を降らすのでした。

中国時代には、龍の絵を描いたり、龍の彫刻をしたり、陶器の龍を作ったりと、龍の存在を人々に知らせるために創造性を発揮していた龍族でした。

とにかく龍のエネルギーが半端でなく素晴らしいのです。

彼はバンザイテラスで万歳とカニ踊りをしたあと、部屋に入るときにスリッパの裏をパンパンとはたいてくれました。龍は清潔好きでもあります。

もう一人は、なんと夫婦で龍のエネルギーが強い方でした。

奥様は、「白くて虹色に鱗が輝く白龍が左側にいてくれて、守ってくれているような氣がします」とのことでした。エネルギーを感じてみたら、芦ノ湖の九頭龍に縁があるので、ぜひ芦ノ湖に行ってみるように勧めました。白龍というよりもプラチナ龍です。

面白いのは、右側に白い天使のような存在がいてくれるのだそうです。守護天使は右側にいますと解説しました。だから龍は左側にいてくれるのかもしれません。

右側には守護天使さん、左側には龍！（もちろん上空に龍、でもＯＫです！）

「両手に花」ではなく、「両手に光の存在」です！　素晴らしいですね！

ご主人は過去生で長野の諏訪大社の御柱祭にかかわっていた時代が出てきました。八大龍王に縁の深い魂さんです。

「僕の龍は、何色でしょうか？」

と聞かれたので、

「緑龍ですね！　中国の翡翠の色にそっくりで、とても綺麗です。ちょうど中国の翡翠の玉があるので、それを使いましょうね！」と淡いピンク色の座布団に載っている翡翠の玉をヒーリングに使いました。

まったく傷のないピュアピュアなクリアクォーツの玉が登場です。今まであまりヒーリングには使わなかったクリスタルたちが、自分たちの出番だとばかりに、意気揚々と嬉しそうに彼の両手の中に収まりました。

「実は八歳になる孫が『じいじの背中に緑色の龍がいる』と教えてくれたんです」

と言いました。

龍や天使、妖精が見える子どもは少なくありません。おそらくお孫さんには美しい緑龍が見えたのでしょう。

奥様が聞きました。

「私も龍が見えるようになりたいです。どうしたらなれるのでしょう?」

「『自分にも龍が見えるようになる』と決めることです。人生は自分の思いでできていますから、思ったようになるのですよ!」

と、龍のことを話しながら、人生のしくみを解説しました。そして中国のとっておきのクリスタルの玉を握ってもらってヒーリングしたら、中国時代に龍の置物を作ったり、絵を描いたり、クリアクォーツを彫り出して玉に磨いたりしているイメージが出てきました。

このように、自分の魂にある龍のパワーの引き出しを開けることは、これからの人生が大きくダイナミックに動きはじめることです。

思いがけない人に出会うなど、人との縁が濃くなり、不平不満ばかり言うような人とは自然に縁遠くなっていきます。

あなたの中にも龍のパワーがあります。この本に惹かれて読んでいるのですから。

龍に導かれて人生に片をつける「お片づけ」

ちょうど龍の月、八月に入ってから、「海の舞」でクリエィティブスクール七期生の同窓会がありました。そのメンバーの中に、『人生がときめく片づけの魔法』（サンマーク出版）の著者、近藤麻理恵（こんまり）さんが顧問を務めている「日本ときめき片づけ協会」のコンサルタント、迫律子さんがいて、素晴らしいセミナーをしてくれました。

私は本を読んだだけで、片づけが中途半端になっていたので、待ってましたとばかりに心が踊りました。

セミナーを受けたその日から、さっそく引き出しから主人のTシャツを全部出して、絵柄が見えるように自立させ、手アイロンで愛を込めてたたんでみました。龍の絵柄が見えるようにしたら、龍が喜んでくれました。〝生龍〟の主人も、とても喜んでくれました。

調子に乗って、次々とたたみはじめたら、空間がどんどん生まれます。いつも相棒探しで困っていた靴下も、引き出しにすっきり収まりルンルンです。

龍とつながると、自然に環境を整えたくなります。龍は、美しく整ったところが、波動が高くて大好きだからです。

もし、あなたも部屋を片づけたくなってきたら、かなり龍的な感覚が芽生えてきているサインです。どんどん楽しく片づけて、掃除をして、気持ちのいい空間を創りましょう。龍が喜んで味方になってくれます。

こんまりさんの片づけは、単なる片づけの方法ではなくて、人生を変えるほどの意識の変革ができます。つまり人生哲学です。

片づけとは、実は「人生に片をつける」という意味だったのです。

白龍さんに、こんまりさんが龍とつながっているかどうかを聞いてみると、「もちろん！」とシンプルに答えてくれました。

心ときめく空間を創りましょう

具体的に、私の片づけの流れを解説していきます。

まず、すべての衣類を山にして、「片づけ祭り」をします。それには最後までやりとげるという「覚悟」が必要です。

二年前に本を読んだときにも、私はやってみたのですが、覚悟が足りませんでした。覚悟を呼び起こすために、龍とつながることが必要だったのです。

まず、守護天使の桜ちゃんのお勧めで、ベッドサイドテーブルからはじめてみました。本が山積みになって、おしゃれなピンクのレースのティッシュカバーがホコリをかぶり、ティッシュボックスもへこんでいました。これでは、ときめきを感じられないことに気づいて愕然《がくぜん》としました。

まずティッシュカバーを丁寧に手洗いして、読みかけの本たちを本棚にしまいました。

「どのような空間で過ごしたいかをイメージする」ことが大事だということです。

そのために、白いレースの敷物の上に、お気に入りのいろんなものを集めてみました。大好きなマリア様の小さな絵を飾りました。ペアの天使の素敵な絵も飾って、その前に台湾で一目惚れしたライオンのような陶器と、おまけにもらったピンクの子豚ちゃんも並べました。大好きなカードもいろいろ置いて、すぐに引けるようにしました。

リラックスできる大切な場所が、だんだんときめくようになりました。

丁寧に寝室の掃除をして、いよいよ「お片づけ祭り」をはじめる覚悟を決めました。

ウォークイングクローゼットの中にあるすべての衣類を出して、フローリングの上に、大きな山に積み上げました。

すごい量にビックリ！

みなさんもこの量に、まずショックを受けるそうです。

ひたすら一枚ずつ手に取って、胸がキュンとときめいたら、残すグループに入れます。何も感じなかったら、「今まで本当にありがとう。さようなら！」と愛を込めて、ごみ袋に入れます。

だんだん洋服の山が小さくなってきます。あまりにも大変な作業なので、途中、うんざりするかと思いましたが、意外にも楽しくなってきます。「お祭り」と言われている意味が体験してみて、よくわかりました。

大好きな服に囲まれて、ときめきを感じようとすると、愛おしくなってギュッと抱きしめたくなりました。

自分で選んだときめく服をハンガーに掛けていくと、並べられた綺麗な色の洋服たちに、さらにときめいてきます。

でも、ちょっとふくよかになって、今は着られないワンピースがありました。ときめくので、どうしても手放せません。でもそれを飾って着られるようになろうと気持ちを高めてみました。

こうすることで、自分の好みが視覚的にはっきりとしてきます。

やはり、ピンクが多いので、ピンク龍に惹かれるのも当然でした。優しいピンクから、マゼンタ（ピンク紫）色のようなパワフルなピンクまで、ときめきを感じます（好きすぎて、とうとう自分の髪の毛もマゼンタ色に染めてしまいました）。

こうしてすべての洋服を出してみると、今まで見つからなかったお気に入りの服が出てきて、嬉しい再会になります。

今まで大量の洋服がひしめき合い、取り出すのが大変だったので、つい取り出しやすい服ばかり着ていました。でも今では綺麗にたたまれて、美しく引き出しに並んでいます。

わくわく！

片づけは、手放すだけでなく、探していた服が見つかる宝探しのような喜びもあります。

片づけのポイントが「ときめき」というのが、こんまりさん流（龍）の大切なポイントです。

自分が集めた物が「ときめく」かをチェックすることで、人生に「ときめいている」かをチェックできるのです。

この気づきが、片づけを通じて、衝撃的に自分に迫ってきます。

自分のことをどのくらい大切に思っているか、一目瞭然となるのです。

セミナーの中で、迫さんは「物も家族です」と、素敵に明言しています。

物を持っているだけで使っていないのは、もったいないことです。

捨てるのがもったいないから持ち続けるのではなく、持ち続けるなら、毎日使うことが物を大切にすることになるのです。

片づけによって夫婦関係がよくなったり、素敵な人脈が広がったり、仕事がどんどんはかどったりと、人生が変わりいい流れを創ります。

私自身、龍の本を書きながらお片づけもできて、快適な環境に変わってきました。

寝るときにも起きているときにも、ときめきを感じます。家の中にいるのが楽しくてしかたありません。

ときめきの感覚が戻ったことで、そうでないものをどんどん処分できるパターンが身についてきました。

龍は、私たち人間の成長を促してくれるのです。それを龍の本を書きながら自ら体験できて、とても嬉しいです。

龍とつながることは、自分へ愛を注ぐこと

「ときめき」とは、どんなときに感じるのでしょうか？

それは、自分も含めて愛おしさを感じることだと思います。胸がキュンとなって、幸せと思えるとき、生きていてよかったと思える瞬間のことだと思います。とても個人的なのですが、それを感じるために、ほんのちょっとだけ、自分に愛を注ぐ必要があります。

龍や天使とつながるには、自分を大好きであること、自分にも愛を注ごうと思っていることが、とても大切なのです。

なぜなら、その思いが私たちの宇宙を創っているからです。

自分への愛を注がないでいると、心はどんどん枯渇していきます。余裕がなくなって、ガサガサ、キリキリ、ギクシャクしてくるのです。次第にストレスがたまって、周りへの

配慮や愛を振りまくことができなくなってしまいます。

そして「どうでもいい」という感覚に陥っていきます。服なんてどうでもいい、家の中が汚くてもどうでもいい、いらない物があふれていてもどうでもいい……。まさに「どうでもいい病」です。

どよ～んと暗くて、重いエネルギーです。この重い波動では龍に近寄ることも出会うこともできません。

ときめいて、明るく笑っている世界の人に、龍は寄ってくるのです。

こんまりさんの「ときめきお片づけ」にはまったおかげで、自分への愛が不足していたことに気づきました。

あなたも胸がキュンとなって、幸せが感じられる、笑顔になれる空間を創ってみましょう！　どんどん「ときめき空間」が広がっていきます。

龍が喜んで来てくれます！「ときめき空間」を創って、龍を引き寄せましょう！

龍を味方にして生きている人・九人の証言

龍が好きな人に、龍についてインタビューをしてみました。ビックリの名言が飛び出します。みんなの身近にこんなにも龍はいるのですね。

証言1　ヨンさん

〝生龍〟の主人に、龍についてのインタビューをしてみました。

「ヨンにとって龍って何？」

「**自分自身だね。我神なり。我龍なり！**　龍は神の化身ともいうからね〜。

結局、自分とは何かだね。神我一体、龍我一体！」

おお！　かっこいい！　ピュー、ピュー！　「主人らしいなぁ」と素直に心から感心しました。

証言2　もりばやしみほさん

彼女とは恩納村《おんなそん》のベリーダンス教室で友人になったのですが、シンガーソングライターであり風水師でもあります。

「みほちゃんにとって、龍はどんな存在なの？」

「龍は方位取りするときに、いつもいっぱい勢ぞろいして一緒に旅をしてくれる、とっても頼もしい存在でーす」

さすが風水師と思える答えでした。

証言3　増川いづみ先生

サウンドヒーリングの増川いづみ先生にも伺ってみました。以前は水の研究もされていたので、きっと龍には詳しいと思います。私がとても尊敬している科学者であり、素晴らしいヒーラーでもあります。

「いづみ先生にとって、龍はどんな存在ですか？」

「**龍神様は水の本体だと思っています。**固体、液体、気体に変幻する存在です。固体では、地脈で地殻変動を起こし、全国の地震帯や地脈に住んでいます。まさにそれぞれの地域を守る龍神様。液体ではマグマを動かし、津波や大波などを起こしている龍神様です。気体では人体と地球周辺の気象状況、すなわち気脈を動かす変幻自在の流体＝龍体ですね。人類が地球環境云々と言いながらも実はまだまだ、エゴが強い人が多いことをいちばんよく理解し、**異常気象、噴火、地震等で浄化と警告をして人類進化を促してくれているありがたい存在です**」

素晴らしいコメントをいただきました。龍神様が、固体、液体、気体に変幻する存在であるという解説に感動しました。龍は水の本体だから、水の神様と呼ばれているのですね！

そういえば、いづみ先生もアメリカにいらしたときに、高速を時速二六〇キロで走って時空間を飛んだ体験をしたそうです。スピード大好きさんは龍のパワーを持っています。

証言4　木村悠方子《まさこ》さん

愛をテーマに講演されている木村悠方子さんも車の運転が上手で、スピードが大好きです。これはとても龍っぽい！　と思い聞いてみました。

「悠方子さんにとって、龍はどんな存在なの？」

「**龍は空です。スサノオ様だと思っています。**すべてがスサノオです。そのときどきの状況に合わせて、飛び交っています。神社にもお寺にも龍はいます。**龍は感覚的なものですね**。白龍も黒龍も、大活躍しています。大きな日輪が出たり、龍の雲が出たり、風であったり、すべてに現れます。まさに龍の時代ですね！」

「よっ、お龍お姉さん！」と呼びかけたくなるきっぷのよさです。

ちょうど、悠方子さんが考案した「薬膳旨鹿カレー」を送ってくださったので、ランチにいただいたらとても美味しくて、夕食でもまた食べてしまいました。

鹿は神の使いと言われています。それなのに畑を荒らす害獣として処分されているので、尊いいのちをなんとかできないかとカレーを思いついたそうです。インドのカレーは身体を冷やしますが、「薬膳旨鹿カレー」は身体を芯から温めます。貴重な日本山人参五年根が入っています。そういえば、龍の角は鹿のイメージで、角は大事なアンテナなのです。

証言5　はせくらみゆきさん

〝宇宙人友だち〟であり「シリウス星人」のはせくらみゆきさんにも聞いてみました。

「龍は、私にとってパワフルでしなやかで頼りがいのある友だちです」

とわかりやすくシンプルに答えてくれました。自由自在にワープできるので、きっと〝龍友〟に乗って、飛び回っているのでしょう。

証言6　パーカー智美さん

名司会者で大親友のパーカー智美さんにも聞いてみました。

「龍は、笑いも取れるコメディアンです！」

ビックリでシンプルな答えに大笑いしました。

証言7　武部正俊さん

磐座ツアーでお世話になった磐座研究家である武部さんは、龍についてこう話してくださいました。

「最近、身近で龍の話をよく聞くのですが、僕にはまるでわかりません。大和言葉では、龍を『タツ』と呼びますが、この言葉を使う人はほとんどいないのが気になります。最近思ったことは、女を陰、男を陽としますが、これは逆ではないかと。天照大神は女神で太陽。月読《つくよみ》は男神で月。太陽は陽で、月は陰。古事記では逆転しています。ホツマツタエのアマテルと、古事記の天照大神は別と考えたほうが合理的かと思います。どうも女のほうが光輝いています」

面白い視点に、なるほどと思いました。**女性性が発展すると、世の中は平和に向かいます。**

私たちの左半身の女性性のエネルギーを発揮する時代になったのでしょう。これからひたすら平和へのプロセスを走り抜けます。

証言8　紺野《こんの》侊慶《こうけい》先生

紺野侊慶先生は、パーカー智美さんが紹介してくれた仏師です。

「**龍の彫刻は伝統技法で、社寺彫刻の中でもっとも技量を問われ、また作者の思いがいちばん色濃く現れます。**数百年前の先人の考えや思いを記録し、今に伝える架け橋の役目を龍は持っているのだと思います。何を考え、何を思ってこの龍を彫るのか、何を伝えたいのか、という思いがときを超えてつながっている感覚になります。また、彫刻の龍が動き出し、火災から守ってくれたという言い伝えもあり、天災から人々を守る役目も担っているのです」

やはり龍の彫刻には魂が込められていて生きているのですね！　伝統の素晴らしさを感

じます。

証言9　和真音《かずしおん》さん

シンギング・リン（音響楽器）を生み出した和真音さんにも聞いてみました。

「小さい頃はよく時空を超えて遊んでいた記憶があります。その乗り物が龍のようでした。自分にとっては、ヤマタノオロチは悪い役ではなくて、指導してくれる師のような存在でした」

と、ヤマタノオロチも登場してきました。

シンギング・リンには、頭にかぶってゴーンと叩くと、大きな音に乗って宇宙に飛べる「宇宙」と、小さく涼やかな音がする「大地」があります。

私が「宇宙」というシンギング・リンをかぶってゴーンと叩いたとき、土星と木星がドーンと現れたイメージが出てきてビックリ！　すぐに注文してしまいました。私は毎朝、座禅のときにゴーンと叩いて、宇宙に飛ぶ体験をしています。

シンギング・リンの響きは宇宙的に龍を引き寄せるパワーを持っています。

龍の時代を生きるために

今なぜか、龍についての本が続々と出版され、龍の時代が到来したことを知らせています。

龍が大活躍する時代を迎えて、何が起きるのでしょうか？

天と地をつなぎ、神と人間をつなぐ龍が、ここぞとばかりに活躍するということは、かなりの大変動が起きるサインです。

もうすでに大変動が起きています。異常気象や、酔っぱらったような動きをする台風、新月の日と皆既日食が重なるなど、大きな動きを感じます。

新しい流れがはじまります。それもビックリのスピードで起きているのです。

今までの意識では、このスピードにはついていけなくなりますから、スピードに慣れてください。それも意識のスピードです。そのためにも龍を意識してほしいのです。

太陽にも異変が起きています。「太陽の塔」を制作した岡本太郎さんも、きっと太陽で大爆発しています。

新しいフレアの波が、地球にも降り注がれています。新しい太陽の光を浴びて、パワーアップしましょう！

新しいスピンが起きるのです。太陽を中心に動いていた惑星たちも、どのようにスピンするか、感じ直しています。すべてがリセットされるのです。

そのための準備は、龍の応援を得ることでできるのだと思います。

たとえ一見ボーッとしていても、意識があっちこっちに飛べる人は大丈夫です。こういう人は案外、速い流れにいつの間にか乗って、ケロリとしています。

夢の中では、滑るように空を自由に飛んでいた感覚が、現実でも味わえるようになります。

夢の中で海の上を飛んでいたのは、本当の自分の意識です。肉体を持って三次元に降りてきて、わざわざ不自由な体験をたくさんして、魂を磨いてきたのです。

もうそれも終わりに近づいてきました。かなり磨かれて意識が高まってきたからです。

おめでとうございます！　よくぞここまで、今の意識まで来ることができましたね！

ブラボー！　よくチャレンジして乗り越えましたね！　あっぱれです！

天は、宇宙は、ちゃんと見てくれています。

どんなときも、ちゃんと見てくれていました。だから、たくさんの龍があふれんばかりに降りてきて、私たちを助けようとして、手ぐすね引いて待ってくれているのです。

せっかくなので、龍たちを最大限に活用しましょう！

東洋にたくさんいる龍たちが、いよいよアジアで大活躍をはじめます。

日本には、たくさんの龍が住んでいます。龍だらけです。今、この本を書いている最中も、「天の舞」の上空にはたくさんの龍たちがいます。そのせいか、とても不思議なお天気が展開しています。ざーっと雨が降ったかと思うと、パーッと晴れて虹が出ます。天が祝福してくれているのです。

今回の本を書くにあたり、「ぜひ龍踊りを作ってください！」という嬉しいリクエストがありましたので、「龍踊り音頭」を作ってみました。ここで披露します。

龍踊り音頭

いよいよ〜、龍の時代が来たの〜

待ちに待った、龍たちのときが来たんだね〜あそれ

龍とつながる人生は、スピードアップで楽々～あそれ
どんなときでも、龍を呼ぶ～
どんなときでも、龍が来る～

いよいよ～、龍の時代が来たの～
待ちに待った、龍たちのときが来たんだね～あそれ
龍とつながる人生は、ダイナミックにはじける～あそれ
どんなときでも、龍を呼ぶ～
どんなときでも、龍が来る～

いよいよ～、龍の時代が～来たの～
赤、黒、白、青、金、銀のいろんな龍が勢ぞろい～あそれ
龍とつながる人生は、カラフルにはじける～あそれ

みんなで、楽しく龍を呼ぶ～

みんなで、楽しく龍を呼ぶ～

盆踊りのようですが、歌うだけでも龍が喜びます。龍を呼んで、地上に楽園を創るのです。みんなが笑顔で、好きなことができるユートピアの世界が創られるのです。

龍の時代は、楽園を創るためだったのです。やっと地球が豊かで幸せな星になっていきます。それを見届けて、私たちは光に帰りましょう！　もとの世界よりも、さらに輝く素晴らしい光の世界に帰りましょう！

いよいよ、とき来たり！

龍とともに幸せな星にするために、今までのすべての体験が生かされてきます。

龍がいっぱいの日本に生まれてきたことを心から喜び、たくさんの龍とともに、龍の背に乗ってわくわくの時代を飛んでいきましょう！

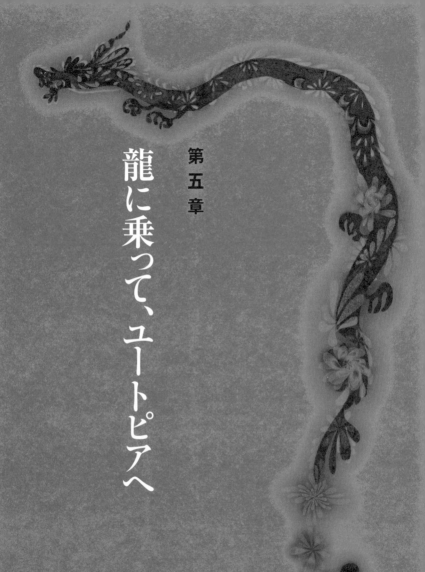

第五章

龍に乗って、ユートピアへ

すべての出来事は、ユートピアへと続いています

いよいよ最終章になりました。龍の時代を迎えて、目指す方向はもちろん、ユートピアへの道です。

龍は三次元には存在しませんが、四次元以上の世界には確実に存在しています。

そして、私たちの身近にいてくれて、お天気や自然界の出来事に大きくかかわり、個人的なお願いも応援してくれるほど、最近では龍がたくさん上空にいてくれています。

ですから龍を意識して、龍の背中に乗って、行ってみたいところをイメージして自由に飛んでみましょう！

それぞれが自分のやりたいことを自由にできれば、私たちは自然と笑顔にハッピーになり、それがユートピアになっていきます。

今まで、私たちはいろんな制約のもとに、不自由な人生をたくさん経験してきました。だからこそ、自由になると魂の喜びが大きいのです。

不自由な体験をするために、まるで邪魔をするような登場人物が人生の舞台に現れます。自由に行動できないように、あの手この手でハードルになってくれています。それは貴重な悪役大スターです。

それを乗り越えたときに、達成感と自由のありがたさがわかります。生きる喜びをしみじみと味わうことができるのです。

今のあなたの日常にもそんな貴重な存在がありませんか？

嫌いな人、苦手な人、あなたの行く手を阻もうとする人は、きっと大切なソウルメイトです。なぜなら、誰よりも難しく嫌な役を引き受けて演じてくれているからです。

それがわかると、人生は違ったものに見えてきます。ものの見方を変えるだけで、ガラリと住んでいる世界が変わります。

自分ほどの悲劇の主人公はいないと思い込んでいたのに、この悲劇を乗り越えることで、魂としての進化と成長が得られて、パワーアップするとわかれば、気持ちが明るくルンルンしてきます。

それを応援するために、龍たちは声がかかるのを待っているのです。龍の応援によって、自分の人生の難問をするりとスピーディに解決できるだけでなく、ハードルを越えると同時に、さらに開けた面白い世界に連れて行ってくれます。さらに自由度が高まって、過去に体験してきた才能も引き出されて、自信があふれてきます。

激動の時代を生きている意味

一見、平和とは遠いように見える世界の情勢も、個人と同じようなしくみで、大きく進化・成長しようと変革が進んでいるのです。

たとえば、一九五一年の中国の文化大革命の侵略によって、チベットが中国の一部として自治区となりました。かつての指導者のダライ・ラマ一四世が、やむなく一九五九年にインドのダラムサラに亡命したり、僧侶たちがスイスの高山に逃げて、チベット文化センターを創ったり、チベットに残った多くの人が殺されたり……。悲しい状態が続いてきましたが、スピリチュアル的には大切な意味があるのです。

チベットは二〇〇〇年もの間、地球の頭頂部のチャクラ（エネルギーセンター）の役割を果たしていましたが、次の二〇〇〇年間は、南米ペルーのマチュピチュにバトンタッチ

されました。

このように破壊と再生のドラマであり、次のステップに向かっているプラスの現象なのです。

和尚（ＯＳＨＯ）のコミュニティに逃れたチベット僧が、チベタンパルシングという秘義を、オランダ人女性のアゲハさんに伝授しました。

その秘儀の一つであるアイリスリーディングを体験して雑誌に書く、という依頼があり、私は東京でアゲハさんからアイリスリーディングを受けたことがあります。

これはルーペで瞳を見て、その奥のエネルギーを読み取る手法です。

瞳の奥に魂の歴史の図書館があって、必要な情報が読み取れるようになっています。「第三の目」を活性化する方法として、私も過去生療法セミナーにも活用させてもらっています。

アイリスリーディングによって過去生のヒントがわかると、人生のさまざまなことがつながり、今までの謎が解けていきます。

すると、私たちの知らない裏の世界で、しっかりとパワーゲームが展開していることもわかります。子どもたちがはまっているゲームと同じような世界が、実は存在しているのです。

そのうちそれらすべてが現れ、世界が安堵感に包まれるでしょう。

チベットでも龍は神聖な存在とされ、雷鳴は龍の鳴き声だと信じられてきました。ヒマラヤの上空を龍が飛んでいて、飛行機の中から写真に撮られたこともあります。チベット語で龍は「ドゥク（ｄｒｕｇ）」といいます。

私たちは、みんな五次元以上の光の世界から来ています。

自由で無限の光の世界から、わざわざ不自由な三次元世界に降りてきて、制限のある世界で、どれだけチャレンジできるかを体験しているのです。

意識の旅に出ましょう

体験には、とても深い意味があります。

龍の国・ブータンの国王がおっしゃったように、龍のエサは体験です。

私たちも、龍と同じように体験が多いほど成長します。

体験をたくさん味わうために、生まれ変わって何度も体験を繰り返しているのです。

ダイナミックに人生を謳歌《おうか》して、いろんな体験を味わった魂さんは、そろそろ宇宙の根源の世界へと戻っていく時期を迎えています。

そのために、たくさんの龍が応援してくれ、私たちはその背中に乗って自由な意識を感じられるようになってきました。

今まで龍をあまり意識してこなかった方も、この流れの意味を理解して、ぜひ龍を仲間として、友だちとして感じてみましょう！

すでに龍を身近に感じている方は、自分の化身のように思ってみても楽しいでしょう。自分が好きな色のファッションに身を包み、瞑想しながらその色の龍の頭や背中に乗って飛んでみましょう！

このように「意識の旅」を練習してみると、自由自在の意識を思い出すことができます。

生まれてくるときは下り龍、光に帰るときは昇り龍に乗って

最終章で、とても龍パワーの強い方を紹介しましょう。「明想」を世界の人々に勧めている素晴らしい方で、自著『「笑い」の秘密』（廣済堂出版）で紹介した上江洲《うえず》義秀《よしひで》先生です。

上江洲先生は、「天の舞」の近くの真栄田《まえだ》岬の岩の前で、毎晩四時間、一四年間明想したそうです。すると覚醒して、寝なくても食べなくても生きられる、自由自在の存在になりました。

波動が高まると、ときどき消えてしまいます。それを見てみたいのですが、見えなくなるので見えません（笑）。いつか波動がぐんぐん上がって、どんどん消えていく瞬間を見てみたいです。

上江洲先生は「瞑想」ではなく「明想」と表現します。音は同じですが、「明るく想う」という意味はとても素敵です。

明想をすれば、宇宙の根源に行くことができるという、宇宙の真理を説く「光話会」を、日本だけでなく海外でも定期的に開催されています。

上江洲先生は、龍のエネルギーがとても強いので、やはりスピードが大好きです。あまりにも運転技術が素晴らしくて、運転技術を警官たちに教えてほしいと、警察のほうからお父様に打診があったという逸話もあるほどです。

スポーツカーが大好きで次々に乗り換え続け、一五〇台にまでなったそうです。乗り換えの最短記録は一日です。新車が来た日に、トラックの下をくぐり抜けて、ぺしゃんこになりました。もちろん本人は無傷です。すぐに新しいスポーツカーに乗り換えることになりました。まさにハイスピードです！

上江洲先生は、車だけでなく馬も大好きで、とくに暴れ馬を手なずけて走るのが大好きです。フランスで、誰も乗れない暴れ馬を一瞬で大人しくさせて乗りこなしたこともあるそうです。そのときの写真を見せていただきましたが、黒い馬だったので、まるで黒龍に乗って飛んでいるようでした。

地上では車と馬に乗って走り抜け、意識では龍に乗って無限の宇宙を飛び回っているのです。

上江洲先生にも、龍について伺ってみました。

「上江洲先生にとって、龍はどんな存在ですか？」

「龍は素晴らしい悟りへの道、根源の世界に連れて行ってくれる存在です。中国でも日本でも、この世は龍、鳳凰、麒麟、亀（神使の四霊獣で、世の中が平和になると出現する）の四つの柱に支えられていると言われてきたので、自分でその四つのうち、好きなのを選んでつながると、自然に悟りへと導いてくれます。

人がこの世に生まれてくるときは、下り龍のエネルギーに乗って降りてきます。そして、この世を去って、あの世に帰るときは、昇り龍のエネルギーに乗って、光の世界に帰っていくのです」

昇り龍と下り龍の意味がよくわかって感動しました。

また、上江洲先生は掃除も大好きです。

飛行機に乗ったときは、必ず乗ったときと同じように綺麗にしてから降ります。ホテルに泊まっても、泊まる前よりも綺麗に掃除して部屋を出るそうです。ですから掃除の方が「あれっ、誰も泊まらなかったのかしら？」とビックリされるそうです。

「光話会」に参加している中国の方々も礼儀正しく、靴もきちんと並べて脱ぎますが、実はそうなるまでに七年間もかかったそうです。それまで靴は芸術的にあちこちに飛び、ごみも散乱していました。でもどんなに散らかしても、上江洲先生は叱ることはありませんでした。奥様と一緒に黙って靴を並べ、たくさんのごみを捨てていました。

彼らが自分で気づき、できるようになるまで七年間、続けてこられたそうです。

不言実行のお手本を見せてくださっています。

「我々のいのちの表現は、身口意《しんくい》です。身体を使って表現するのが身、言葉の表現は口、思いが意です。身口意の三つを制御すればいいのです。制するのは愛としての我を、完全に焼き尽くすことです。抑え込むことではありません。

幾転生という人生の過程の中で背負ってきたカルマも、我は真理なり。真理から来る神性火花で、すべて焼き尽くして灰となる。何が残るのかというと『我は完全なり』という無限意識しか残りません」

「光話」の中でこのようにおっしゃいます。愛で完全に焼き尽くすという表現に、いのちを燃やす聖なる火を感じました。詳しくは先生の著書『神様がくれた処方箋』（青萌堂）をお読みくださいね！

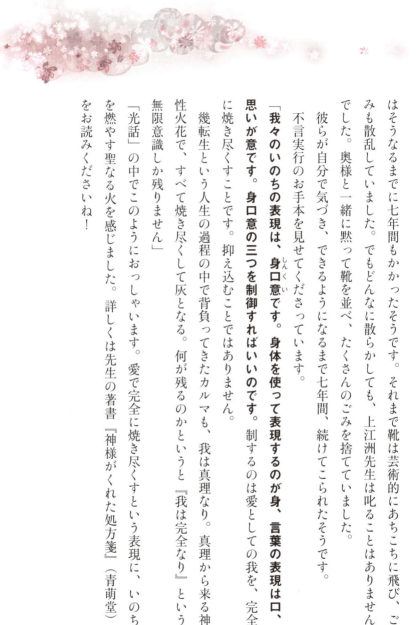

神代文字「カタカムナ」で龍の時代をひも解く

すでに紹介しましたが、カタカムナの研究に情熱的に取り組んでいらっしゃる吉野信子先生は、赤龍そのものです。信子先生のカタカムナセミナーに参加してみれば、情熱パワーに感動を覚えると思います。もちろん九頭龍ともつながっています。

カタカムナとは、縄文以前の神代文字の一つです。日本の兵庫県六甲山系の金鳥山《きんちょうざん》から出てきた巻物に書かれていたもので、丸と十字の記号のような文字が右回りの渦で表現されています。

その渦巻きの一つひとつに、宇宙のしくみが表現されています。

貴重なカタカムナウタヒと呼ばれる八〇首が巻物に書かれていて、その解読がわくわくするほど面白いのです。

信子先生は、難しいカタカムナの四八音の思念読みを、ひらめきによって二か月くらいで解読に成功しました。

思念読みをすると、その言葉の持つエネルギーが見えてきます。

さっそく「龍」をカタカムナで思念読みしてみましょう。

リュウ＝リ（離れる）、ユ（湧き出す）、ウ（生まれ出る）

これをつなぎ合わせてみると、「離れて湧き出して生まれ出るもの」となります。

カタカムナでは、数霊も大切な役割を持っています。

カタカムナ四八音の思念と数霊がわかれば、宇宙のすべてがひも解かれるのです。

龍＝リ（八）、ユ（三七）、ウ（一九）です。これを足すと「六四」となり、さらに六と四を足すと、一〇というパワフルな数霊になります。

龍の「リ」の数霊がちゃんと龍の数字「八」というのも、ビックリのシンクロです。

「六四」は、「八×八」で双龍です。カタカムナの神であるヤタノカガミも数霊は「六四」です。

ちなみに「天の舞」は「八八」、「海の舞」は「五三」（＝「八」）となって、ともに龍の数字「八」と縁が濃く、二つを足すと「一四一」です。そして「一＋四＋一」は「六」という私の数霊と一致します。

龍は「八」で二次元を創り、「九」で三次元になり、「一〇」で統合するそうです。

龍の数字は「八」ですが、「九」で球体になって龍の玉になり、さらなるパワーが出るのですね！

信子先生にも龍についてインタビューしてみましたら、次のようにまとめてくださいました。

「二つの離れた空間に大きなエネルギーの差が発生した場合、エネルギーの高いものから、低いものへと流動するエネルギーが巻き起こります。その流体の渦を『龍』、または『龍神』と表現しているのだと思います。

『龍』や『竜』という字には必ず『立』という字が使われています。**最初は二次元的な渦が大きくなるにつれて、台風の目のように三次元的に立ち上がってくることを表現するもので、龍が、『辰《たつ》』とも呼ばれるゆえんだと思います。**

カタカムナの数霊で読み解くと龍＝『六四』（八×八）は、『四六』＝充電するという意味の数霊の逆数なので、意味も逆になり、『放電するもの』という意味になります。**つまり雷や稲妻は、龍の力と言えるのです。**

そのほかにもさまざまなエネルギーの差が空間に創り出されたとき、龍神が立ち上がります！『龍神（リユウジン）』の数霊は八九です。八九は『離れたものへ発信放射』という意味で、この原理を理解すれば、龍のエネルギーは自由自在に創り出すことができると言えるでしょう」

宇宙からの使命と応援を呼び起こす

二〇一六年八月八日の龍の日に、吉野信子先生のお宅を訪ねたときに、リビングの壁に飾られていた龍の絵にくぎづけになりました。

それは白銀龍の背に、裸の女神が乗っている絵で、インスピレーションで絵を描かれる瑠璃さんの作品でした。信子先生も一目惚れして購入したそうです。

その女神は石垣島で封印された裸の女神で、「イリキヤ　アマリ」という名前の方でした。信子先生の解説では、この裸の女神「イリキヤ　アマリ」こそが、カタカムナ神だということです。

石垣島で信子先生のカタカムナのセミナーを主催してくれた入口初美さんが、夢のお告げを受けて、「イリキヤ　アマリ」の宮で二〇一六年一〇月六日の早朝に封印を解く儀式をしたそうです。

その日は朝九時頃から激しい雷雨になり、発電所に雷が落ちて、全島停電になったそうです。雷が落ちた盛山《もりやま》というところは、ちょうど旧石器時代のカタカムナ人の人骨が大量に発掘された場所でした。

まさに、カタカムナの女神の封印が解かれたのです。白銀龍の背に乗って、日本を駆けめぐるときが来たのです。そのサインとしての雷鳴だったのです。

龍が活動すると自然界の天候が大きく動くので、すぐにわかります。

龍が、アセンション（次元上昇）を迎えるときに昇り龍として私たちを助けてくれています。

三次元と四次元が、五次元以上の光の世界になっていくのです。

一から一〇次元までの言霊と数霊を並べてみると、次のようになります。

一＝ヒ　　一次元　根源から出る・入る

二＝フ　　二次元　増える・負

三＝ミ　三次元　実体・光
四＝ヨ　四次元　新しい・陽
五＝イ　五次元　伝わるもの・陰
一三＝ム　六次元　受容・需要
一四＝ナ　七次元　核・重要なもの
一五＝ヤ　八次元　飽和する
一六＝コ　九次元　発信・放射
一七＝ト　一〇次元　統合

龍の時代になって、統合の時代を迎えました。タイミングよく、地球の言葉の原点であるカタカムナも、世界に広がっていきました。

まず、日本に信子先生の言霊と数霊の本が出ました。『カタカムナ　言霊の超法則』と『カタカムナ　数霊の超叡智』（ともに徳間書店）です。とてもわかりやすく解説されていますので、ぜひ読んでください。

自分の氏名（使命）の数霊を調べて、それを一桁になるまで足していくと、自分の使命の数霊がわかります。

ちなみに、主人は「三」（実体）、私は「六」（受容・需要）、信子先生は「九」（発信・放射）です。三人合わせると「三六九《みろく》チーム」になりました。実に魅力（三六九《みろく》）的です！

これからのユートピアへの道にまっしぐらのチームです。

言霊も数霊も宇宙を創っているので、とても興味があります。わくわく！

主人が作ってくれたカタカムナカードは、毎日のヒントになるので、毎朝、引いています。

カナダでも信子先生のカタカムナセミナーが行われました。カナダのカタカムナチームの協力を得て、英語版のカタカムナカードが作られる予定です。**私のイメージでは、こんまりさんの「ときめきお片づけ」が世界に広がったように、カタカムナも一気に龍のパワーに乗って広がっていくと思っています。**

これはまさに赤龍パワーです。赤龍が日本でも海外でも、どんどん宇宙のしくみをカタカムナでひも解いていく流れに導いていています。

今まで封印されてきた瀬織津姫《せおりつひめ》のエネルギーが、白龍に乗ってカタカムナのパワーを借りて蘇ってきています。

神戸の六甲比命大善神社《ろっこうひめだいぜん》は瀬織津姫の磐座《いわくら》です。そこには白い玉が二つと、六角形の中に松の葉のついた松ぼっくりがお供えされています。どちらも龍を象徴しています。

瀬織津姫のお誕生日である雛祭りの日に、高御位山《たかみくらやま》で信子先生と、カタカムナを愛する仲間たちとともに、世界平和を実現することを祈る儀式をしました。瀬織津姫の磐座でもお祝いの儀式を行うと、青龍のパワーを表す緑色の帯状の光が、エメラルドタブレットのようなものと一緒に写真に写りました。

また白龍、黒龍、赤龍、青龍、黄龍、金龍も現れ一緒に祈ってくれました。

改めて、地球の平和のために、地球にやって来た使命を思い出して、ズンと魂の奥深くから湧き上がる熱い思いを確認しました。

カタカムナを学ぶことで、宇宙のしくみや自分たちの使命を思い起こすことができます。

龍の時代に、龍とともに、大きな夢実現を目指していきたいと思います。

龍に聞いてみました！「どうしたら味方になってくれるの？」

たくさんの龍が「天の舞」に集まってきますが、エネルギーとして応援をもらっていても、これまで直接、話を聞くことはありませんでした。そこでインタビューをしてみることにしました。

ちょうど、白龍さんが「お呼びですか？」と、顔をアップにして、にこやかに近づいてきたので、話しかけてみました。

私「白龍さん、こんにちは！　いつもダイナミックに応援をありがとうございます。実は今、龍の本を書かせていただいています。インタビューしたいので、よろしくお願いします」

白龍「頑張って書いているね。ありがとう」

私「龍の世界でも、今はこちらを応援するときなのですか？」

白龍「もちろん！」

私「みなさんに伝えたいことがありますか？」

白龍「**日本は龍の国なので、日本を選んで生まれてきたのだから、ぜひ龍を意識してほしい**」

私「龍を意識すると、今の流れでは、人生がぐんとパワフルにダイナミックに展開しますよね〜」

白龍「もちろん！　そのために龍は存在している」

私「龍としっかりつながるには、どうしたらいいのでしょう？」

白龍「この本に書かれているとおり、龍を意識して呼んで、友だちになってほしい。**天の乗り船だと思って意識で乗ってほしい**。龍は喜んで天空を飛んで、自由な感覚を取り戻してあげるから。それぞれに今の自分にぴったりの龍と仲良くできると伝えてほしい」

私「みなさん喜ばれると思います。ありがとうございます。これからもよろしくお願いします」

白龍「いつでも上空にいるから呼んで〜」

と、さっと行ってしまいました。あまり長く話せなかったのですが、大事なエッセンスは聞けました。

そこへ急に赤龍さんが顔を出してきました。呼ばないのに来てくれました。嬉しいビックリです。朱龍さんとも呼ばれますが、私は赤龍さんと呼んでいます。

私「赤龍さん、こんにちは！　来てくれて嬉しいです！」

赤龍「ぜひインタビューを受けたくてね～。来てしまいましたよ」

私「赤龍さんの役割はなんですか？」

赤龍「いきなり真面目な質問だね。啓子が小さいときに『私は大地の子！』と言っていたよね～。嬉しかったよ！　私は大地を司るからね。『地に足をつける』とよく言われるように、大地から足に私のエネルギーが入って、人間の体をめぐって、流れをよくする手伝いをしているのだ」

私「赤龍さん、覚えていてくれてありがとう！　大地に大の字になって寝るのが大好きだから、みんなにも勧めているの。今でも気持ちがいいところではつい寝てしまうわ」

赤龍「**大地に寝転がると、私も身体の調整をしやすいね～。裸足で歩くのも大地とつながりやすいよ～。**芝生や海辺で啓子がすぐ裸足になりたがるのはとてもいいね」

私「ありがとう！　みんなに勧めていたことが、赤龍さんとのつながりになっていたのね。これからも私たちを癒してね！」

赤龍「お任せあれ〜」

そう言ってすっと消えていきました。

赤龍さんの次は誰でしょう？　青龍さんでしょうか？　やっぱり青龍さんが天井からにっこり笑いながら来てくれました。

私「青龍さん、こんばんは！　来てくれてありがとう！　とても嬉しいです」

青龍「こちらこそインタビューしてくれてありがとう！　なかなか呼ばれることはないからね〜」

私「よく写真に帯状の青い光で写ってくれてありがとう！」

青龍「感じてくれる人がいると嬉しいね〜」

私「緑の光が写ることがあるけれど、そのときは緑龍さんなの？」

青龍「少し周波数が高くなると、青色光線になるけど、大地に近くなると緑色になるんだよ。日本では青と緑は一緒にされているね。信号は緑色なのに、『青になったので渡りましょう』と言っているのと同じだ。啓子が最近描いた龍の絵も、緑と青が混じっているではないか！　私を描いてくれて嬉しい！」

私「喜んでくださって私も嬉しいです。無意識に描きたいように描いたらあのようになりました。衝動的です。では緑も青も、青龍さんということでいいんですね？」

青龍「構わないよ。赤龍と黒龍が地を担当して、青（緑）龍が天を担当している。さきほどの白龍も天の担当だよ」

私「了解です。青龍さんは、どんな役目を持っているのですか？」

青龍「**天の担当なので、人間の祈りや願いを聞き届けて、天につなぐ役なのだよ**」

私「大天使ガブリエルに似ていますね〜。立派な龍は西洋では大天使ですよね？」

青龍「西洋では龍はドラゴンと言われて悪魔扱いされているから、闇の世界から呼ばれている。その代わりに光の存在は天使たちが担当している。すべてこの宇宙は人の思いでできているから、どう思われるかで世界が違ってくるのだ。宇宙のしくみから言うと、たしかに青色光線なので、大天使ガブリエルに似ているかもしれないが……。やはり青龍は青龍だよ。長居してしまった。それではまた！」

そんなに長居でもなかったのですが、龍には長く感じたみたいです。すうっと天に昇っていきました。

青龍さんの次は、どなたかしら？　白龍さんの後ろに影のようにチラチラと姿を見せているのは黒龍さんでした。

私「黒龍さん、はじめまして！　まさか来てくださるなんて」

黒龍「いや、啓子は黒が苦手だから来るつもりはなかったのだが、白龍が少しは顔を出したらと言うので来てみたよ。すぐに帰るから」

私「たしかに黒は苦手ですが、せっかくなので少し話をしていってください。やはり黒龍さんは『地』の担当ですか？」

黒龍「そうじゃ。あまり顔を出さず、洞窟や岩場におる。地球の中の世界、シャンバラとも行き来しておる。磐座に来てくれると嬉しい～」

私「越木岩《こしきいわ》神社や神呪寺《かんのうじ》の磐座のときもつながってくださったのですね！」

黒龍「もちろん、白龍があの風が吹き出す龍穴へ導いたが、その中の洞窟にわしはいたのじゃ。白龍とはペアで動くことが多いが、陰の存在なので、表に出なくていいのだよ」

私「あのときの涼しい風に、みんなとても癒されました。ありがとうございます。尊敬する上江洲先生にも白龍と黒龍は対だと言われました」

黒龍「あの方はすごい。両方のパワーを縦横無尽に使える。まさに九頭龍じゃ。素晴らしい人につながったのぅ～。それじゃ失礼する」

私「はい、ありがとうございました！」

本当に少しの間でしたが、お話しできてとても嬉しかったです。

私は今までたしかに白龍さんばかり見ていました。**でも白龍さんと黒龍さんは、セットなのですね。白と黒は陰陽で対ですから納得です。**囲碁もオセロも、白と黒があってのゲームです。

さて次はいよいよ金龍さん、銀龍さんでしょうか？　すごい勢いで派手に登場されました！　さすが金と銀です。

私「金龍さん、銀龍さん、おはようございます！　いつもお揃いで仲良しですね～」

金龍「いつも一緒というわけではないが、対で動いていることが多いのだよ。台湾の金龍にわざわざ会いに行ってくれてありがとう！　嬉しい、実に嬉しい」

私「えっ、ご存知だったのですか？　こちらこそ素晴らしい金龍でした。あれは三次元の象徴ですが、あなたもあそこにいらしたのですか？」

金龍「ずっといるわけではないが、**台湾自体が金龍なのじゃ。**中国本土であらゆるものが大破壊されたときに、多くの龍が小さな台湾に逃れたのは事実だよ。台湾の存在は大きい。龍たちは蒋介石を応援した。毛沢東軍との金門島での戦いも大変だった。啓子が紹介してくれたように、日本からも金龍が応援していた陸軍中将、根本博を派遣したのだ。あの戦いで敗れたら、台湾は存続しなかったのだ。この龍の本に書いてもらえて本当に嬉しい。ありがとう！」

私「たまたま動画を見つけたのですが、きっと白龍さんが見せてくれたのだと思います。金龍さんに喜んでいただけて嬉しいです」

金龍「もう一つ台湾のことで伝えてほしいことがある。出口王《お》仁《に》三郎《さぶろう》が見つけたように、**日本の島々は地球の大陸と相似象の関係にある。**『ひな形神劇』じゃ。**台湾は南米と相似象で、大切な場所なのだ。**龍の都合ではなく、地球の都合で大切なのだ」

私「そうでした！　二〇〇〇年ごとに交代制でチベットとペルーのマチュピチュが地球の頭頂部であるチャクラを担っていますが、今南米が担当しているのですよね～。今のローマ法王さまも南米のアルゼンチン出身ですね！　龍のエネルギーが強い上江洲先生もアルゼンチンで育っています」

金龍「これから日本と南米と台湾が頭角を現してくる。意識しておくといい」

私「はい、私が生まれた九州はアフリカ大陸と相似象です。北九州はちょうどエジプトに当たります。エジプトに四回も転生しているので、エジプト時代の魂の宿題を終えてから、江戸時代の江戸＝東京に移りました。そして琉球沖縄に移住してきたのです」

金龍「**すべては予定どおりじゃ。魂の縁が濃い場所を訪ねるようになっている！**」

私「はい、人生の節目に必ず龍の応援がありました」

金龍「龍をよく理解してくれている啓子がこの本を書くことは、決まっていたのじゃ」

私「台湾には今生では三回行っていますが、とても懐かしくて、きっと過去生もいた気がします。とくに故宮博物館には使っていたような気がするものがたくさんありました」

金龍「啓子の魂は中国本土にも台湾にも、過去生があるんだよ。だから今の仕事ができている。地球の平和のために、壮大な計画を立てて来ているからね。なかなかない魂じゃ。本人に自覚がないところがまたいいね〜。だから天から見て使いやすい魂・天使なのじゃ〜」

私「えーーっ！　それは恐縮至極にござりまする〜。金龍さんにこんなに大切なことを解説していただけるなんて大感動です。上江洲先生も中国時代に始皇帝だったことがあります。先生のファンの人をクリニックでヒーリングしたら、その時代が出てきてビックリしました。そのとき私も近くにいたのかもしれません」

金龍「そうじゃ、とても縁が濃い。これからもいろんな活動をしていくことになるから楽しみなさい。私たちがついている」

私「ありがとうございます。とても心強いです。これからもよろしくご加護をお願いします！」

思いがけず金龍さんと長く話すことができました。銀龍さんは大人しくて、なかなか表に出てきてくれませんでした。

私「銀龍さん、少しお話しできますか？」

銀龍「私も黒龍と同じように陰の存在で、金龍と対になっている。陰の存在だけれど歌（『銀の龍の背に乗って』）にしてくれて嬉しい〜」

私「人々を救いたいという夢実現のために、一生懸命に努力した人々の応援歌ですよね」

銀龍「**努力を続ける健気《けなげ》な人々を応援するのが、私の役割だ**」

私「銀色の鱗を見ると元気が出ます。本当に銀の龍の背に乗りたいです。これからもよろしくお願いします」

銀龍「大いに乗ってくれたまえ〜」

銀龍さんから頼もしい、力強いパワーを感じました。

ちょうどこの本を書いているときに、「海の舞」でヴォイスヒーリングとカラーヒーリングのセミナーがありました。セミナーの瞑想の前に引いた「龍神カード」（大杉日香里著『幸せと豊かさへの扉を開く龍神カード』河出書房新社）は二日間とも虹龍でした。虹龍のメッセージは「クライマックスは、もうすぐ」です。

人生がどんどん面白くなって、ハッピーエンドに向かっているという解説に嬉しくなりました。

本当に虹龍がいらっしゃるのか、試しにちょっと呼んでみました。すると、「天の舞」の和室が虹色に輝いて、鳳凰が降りてきたかと思いました。床の間の掛け軸の書「龍翔鳳舞」がぴったりのエネルギーで、かなり高次元の波動を感じます。

鳳凰は虹色ですが、龍にも虹龍がいらしたとはビックリです。

虹は天からの祝福です。素晴らしい応援の光で七次元のパワーを感じます。無限の愛を感じます。

虹龍さんにもインタビューしてみました。

私「虹龍さん、おはようございます。はじめまして！　来てくださって本当にありがとうございます。鳳凰と同じように虹色に輝いて、素晴らしいですね！」

虹龍「よくぞ呼んでくれました。虹龍を意識している人は少ないです。虹が出るところに私はいます。**いのちが光であり、無限であることを体現しています。**啓子がはじめて龍の国、台湾に来てくれたときも、歓迎の意を込めて七つの虹を出しました。今回の台湾でも台風二つで巨大な虹を創ったのですが、地上からは見えなかったかもしれません。かなり大きな虹でした」

私「必死で探しましたが見つけられませんでした。でも虹のパワーを強く感じていました。ありがとうございます」

虹龍「これから私の出番が多くなります。ユートピアに向けて、本当にクライマックスです。楽しんでください。啓子がみんなに勧めているように、**不安がるより、面白がることです。愛と笑いで大変革を乗り越えていけます。**天が応援しています。虹もたくさん

出します。安心してください。私のことまで書いてくれてありがとう！」

まるで女神のような優しい光と響きを感じました。伝わってくる言葉使いも丁寧でした。このような波動、響きを奏でていきたいと、心から思いました。

虹龍だけでなく、鳳凰のエネルギーも感じました。同じ次元の存在なのだと体感しました。

目の前にある書の「龍翔鳳舞」という言葉をそのまま体験できるとは、本当にビックリです。その隣には、滋賀県の三井寺《みいでら》（園城寺）の如意輪観音像の掛け軸もあります。如意輪観音は、「すべてはうまくいっている！」という宇宙の真理のエッセンスを祈り続けている観音様です。

私もカニ踊りとして、「すべてはうまくいっている！」という宇宙の真理を世に広めてきて一八年になります。診療の最後に解放を讃《たた》える万歳三唱のあと、海を見ながら必ずカニ踊りをしています。

セミナー、ワーク、講演会のあとにも参加者全員で、「すべてはうまくいっている！」という宇宙の真理のエッセンスを唱えながら、カニ踊りをするのです。

シンプルで深い宇宙の真理をわかりやすい解説とともに、伝えていくのが私の使命です。

まさに龍の本のクライマックスである最終章で、龍への直接インタビューができて感動もひとしおです。

龍さんたちにありがとう！　一緒に「地球ユートピア」への道を楽しく進めていきましょう！　ヒュウ～、龍～！

龍とつながる音の響き

虹龍さんをインタビューするときに、ちょうど龍とつながる音の響き、シンギングボウルのCDを聞いていました。これは「龍音」という、ずばりの名前がついています。チベットの僧院や聖なるカイラス山がイメージに出てくる響きを奏でてくれます。

龍と縁の深いチベット仏教の仏具に魅せられて、チベタンベルを診療で活用していますが、折りたたみ式のラッパやシンバル、そしてシンギングボウルも、ヴォイスヒーリングのセミナーで活用しています。

増川いづみ先生のサウンドヒーリングセミナーに通って、大事なチャクラを癒す音叉と、金星の音がする素晴らしい銅鑼《どら》も手に入れました。

金星の音がする銅鑼は、いづみ先生がアメリカに行くときに、原住民の方に注文したところ、同じものを注文していたアメリカ女性が「先にどうぞ」と譲ってくれました。まさに龍速のスピードでゲットできました。

大きく低い音でズンとお腹に響き、まるで雷鳴のようです。龍もこの銅鑼の音を気に入っていて、龍を引き寄せて雷鳴が響きはじめたこともありました。

このようにいろいろ試してみて、すべての心地よい響きが、龍とつながることがわかりました。

音霊を宇宙的に響かせるシンギング・リンにも出会いました。シンギングボウルと似ていますが、日本の職人さんが作った究極のものであり、はじめて「倍音」を奏でるものです。

シンギング・リンは、生命と深く共鳴する全倍音を奏でることができます。これを聞くと、私たちの生命は原子レベルで必要な周波数を選んで共振共鳴し、同調化して、もともとの自然な状態に戻ることができて、その結果全体の生命が美しく調和していきます。

これは宇宙をすぐに感じられる不思議な音です。「宇宙へ導く響きですね！」と創案者の和真音さんに伝えると、「そうなんです。だから『宇宙』という名前をつけました！」と嬉しそうに答えてくれました。

背骨にそってシンギング・リン「宇宙」の響きを上から下に伝えてもらうと、懐かしい小宇宙の旅、自分の身体の中の細胞レベルの世界へと突入しました。

身体は宇宙からおあずかりして、地球での体験を可能にしてくれている大事な器です。つい私たちは自分の身体は自分のもの、という錯覚をしてしまいますが、**身体の細胞の世界は宇宙そのものなのです。**

シンギング・リン「宇宙」にすっかり魅せられて、寝る前に目を閉じると、その音霊がずっと遠くまで響き渡って、太陽系が身近に感じられるようになりました。

巨大な龍がニコニコ笑っています。龍も気に入っているようです。私たちが癒される心地よい響きは、龍にもお気に入りなのだと体感しました。真音さんが書かれた『全倍音セラピーCDブック』（BABジャパン）のCDでも体験することができます。

物事が現象化される三つの条件

宇宙は、「言霊」「数霊」、そして「音霊」の三つで創られています。

この三つがそろうことで、現象化されるのです。

今、ちょうどいい風が窓から入ってきて、風鈴の音が心地よく聞こえます。音の癒しは直接、心の奥の魂にまで響きます。

「海の舞」でのヴォイスヒーリングセミナーのときに、瞑想ルームにあるチベットのシンギングボウルやシンバル、水琴、インディアンの太鼓、アフリカン太鼓など、音がするものをすべて集合させました。

そしてみんなで民族音楽に合わせて、いろんな響きをコラボすると、それは気持ちのいい、民族音楽交響曲になりました。

上空に龍たちが集まってきて、龍ダンスをはじめるのを感じました。

終わったあとに大きな龍神雲が出てきたので、心地よい響きが龍を呼んだのだと確信が持てました。

龍のエネルギーに近い音を出す響きは、すべてその周波数に合った龍とつながることができます。

私たちの魂もそれぞれ今までの生まれ変わりの歴史をすべて持った音色を奏でています。

とくに声には、すべての体験が集まっています。

初対面で、声を聞いたとたんに懐かしいと感じる場合は、きっと過去生で一緒だった魂さんとの再会です。

人の声も「音色」として感じてみると、新しい世界への導きを促してくれます。

ヴォイスヒーリングは、さらに潜在意識の浄化をして、自分の宇宙の根源へと促してくれます。

阪神・淡路大震災のあと、インスピレーションで天から降ってきたアマテラスのマントラを唱えたときには、確実にその場に光の柱ができました。昇り龍の応援のもと、たくさんの御霊が光に帰っていくことができたのです。

アマテラスのマントラ

アマテラス、天地《あめつち》の、光満つ、地に降りて
惟神《かんながら》の道、今開かれん
ア〜オ〜ム、ア〜オ〜ム、ア〜〜オ〜〜ム〜

三・一一のあとにも、二か月後には現地に行き、瓦礫の中でアマテラスのマントラを唱えました。インディアンのスネークダンスをして、波動をアップして光の柱を立てました。

光の柱は、まさに龍柱です。

光の龍柱に守られて、昇り龍の背に乗って、まぶしい光の世界へと帰っていけるのです。龍を呼ぶヴォイスヒーリングをこれからも縁のある人々や縁のある場所で、気持ちよく宇宙に響かせて、龍とともに天と地とつながって、本当の惟神の道をユートピアに向かっていきたいと思います。

愛を失って、愛の素晴らしさを思い出します

あるとき、ハワイ島に行ってきた沖縄の友人が、仕事が早く終わったからと会いに来てくれたことがありました。そのときの面白い話を紹介しましょう。

なんと二五〇年ぶりにハワイ島のパワースポット、フィッシュポンドに龍が戻ってきた、というのです。

フィッシュポンドとは、ハワイの王朝が大事にしてきた魚の養殖場で、そこは世界三大パワースポット（マチュピチュ、セドナ、フィッシュポンド）の一つになっているそうです。知らなかったのでビックリです。

マウナラニ・ベイ・ホテルの敷地の中にある、そのフィッシュポンドに戻ってきた龍は、なんと南国ハワイにふさわしいピンク龍です！

でも、なぜ二五〇年間もいなかったのかしら？

そして、なぜ戻ってきたの？

「啓子先生が今年（二〇一七年）の旧正月に、ハワイ島に行ったからでしょう?」とその友だちに言われました。仕掛け人は私でしたか！

ハワイ島に龍の「蘇りスイッチ」を入れたのかもしれません。

思い当たることがありました。

マウナケアの祈りの場に近づいたときに、私は急に走り出してつまずき、大きく宙を舞ってドーンと、ゴツゴツの溶岩に叩きつけられたことがありました。

そのとき、意識は一気に富士山の真下の人穴《ひとあな》浅間《せんげん》神社の洞窟にワープしたのです。富士山とマウナケアがつながった気がしたのです。

さらに最終日、ヒロ大神宮で岩長《いわなが》姫の祝詞《のりと》を力強くあげたからかもしれません。

「鬼子母神、玉返しませ～」と三回、魂を込めて叫びました。

「玉」とはもしかして、奪われた龍の「玉」が返されたということかもしれません。

ヒロ大神宮の宮司さんがずっと太鼓を鳴らし続けてくれている中、「溶岩の舞」から「火の舞」と「水の舞」を舞姫たちが奉納しました。

ハワイに龍が戻ったという話をしてくれた彼女のバッグには、首里城のお土産屋さんにあるピンク龍のマスコットが揺れていました。彼女はいつも青龍をつけているのに、ハワイ島にはなぜかピンク龍をつけていったそうです。

まるで、ハワイ島でピンク龍に出会うための準備のようです。

龍の本の最後に登場してきた、大好きな色のピンク龍さん！

目の前で、首里城でゲットしたピンク龍のぬいぐるみがずっと見つめています。「大事な私を忘れないで！　自分のことでしょう？」と熱く問いかけているかのようです。

そういえば、龍の本を書きはじめる前に、大好きなピンク色のクリスタル、インカローズでできた龍の置物を、ノートパソコンの前にドンと置きました。

ピンク龍ではじまり、ピンク龍がトリを飾りました、
ハートから出る愛のエネルギーは、まさにピンク色です。

龍神カードを引いてみたら、やはりピンクの「姫龍」が出てきました。素敵なエンディングに感無量です。

愛そのものの、ピンク色の龍さんが本当にいたのです！

ピンク大好きの私が、最後に引き寄せました。

せっかくなので、ピンク龍さんにもインタビューしてみました。

私 「ピンク龍さん、来てくださるなんてとても嬉しいです！　ハワイ島に二五〇年ぶりに蘇ったと聞いてビックリしました。ハワイにピンクはぴったりですね！」

ピンク龍 「**ピンクは紅白でめでたく、愛があふれたときの色です。**赤と白を混ぜるとピンク色になります。あなたも髪の毛がピンクだし、お仲間ですよ！　ずっとピンク龍の可愛いぬいぐるみを飾ってくれてありがとう！　いつお呼びがあるかと待っていました。啓子のお友だちにメッセージを託して、仕事が早く終わるように促したんですよ！　スピードアップは得意なので！」

私 「そうだったのですね！　わざわざ、まさにわざありですね！　二五〇年前というと、日本は江戸時代、ハワイはちょうどイギリス人の探検家ジェームズ・クックが最初に来た頃ですね！」

ピンク龍 「はい。白人が来てハワイは大きく変わりました。それもまた貴重な体験です。**愛を失って、愛の素晴らしさを思い出し、また愛があふれる島になって戻ってきたのです。**きっかけを作ってくれて本当にありがとう！」

私 「すべては愛で溶けていくんですね～。愛がすべてを癒す～！」

ピンク龍 「それではまたね！　いつもピンクの愛で守っていますよ～」

美しい響きを奏でてすっと消えていきましたが、しばらくピンク色の愛の光線が柔らかい余韻を残していきました。

宇宙の愛をまた感じることができました。愛の世界が当たり前になって、愛がなくなったときに、愛の素晴らしさを再認識するのです。

平和を失って平和のありがたさを思い出し、また平和を引き寄せるのです。それが、今地球上で起きている現象です。

平和は、力ずくでは得られません。ユートピアは、武力では創れないのです。愛がすべてを癒します。愛がすべてを解決します。宇宙は愛に満ち満ちているからです。暗黒に見える宇宙は、愛でいっぱいなのです。

愛深い人に宇宙は共鳴して、愛でつながります。

つれづれと書いてまいりましたが、宇宙の愛を感じながら、龍のお話を終わりたいと思います。どうか龍のことを意識して、感じてみてください。きっと、あなたにぴったりの周波数の龍とつながって、毎日の生活がもっとスピードアップして、ダイナミックに、とても面白く展開していきます。その先には、みんなで笑顔になる素敵なユートピアの世界が待っています。

必ず、ハッピーエンドになるのです。だから大丈夫です。

龍が上空にいて、見守ってくれています。そのときどきで、あなたにぴったりの龍があなたを応援して味方になってくれます。

我愛なり、我いのちなり、我光なり、我龍なり！

龍とつながって、りゅうりゅう〜！　龍を味方にして生きましょう！

龍に乗ってユートピアへ、楽しく飛びましょう！

おわりに

この本を最後まで読んでくださって、本当にありがとうございました。

龍に意識が向くようになって、いつのまにか日々の生活がスピードアップされた方もいるかもしれません。あるいは、身体がむずむずと動き出して、私と同じように、「ときめきお片づけ」をはじめた方もいるかもしれません。

綺麗好きな龍は、ますますあなたを応援したくなるでしょう。そしてスピードアップと、すっきり感、幸せの感じ方が大きくなっていきます。

人それぞれの、ピンとくるヒントを、日常に生かしてくださると嬉しいです。

かつて『祈りの奇跡』『「笑い」の秘密』を担当してくださった廣済堂出版の編集者の真野はるみさんから、「いつも講演会の中に龍が登場するので、ぜひ龍の本を書いてほしいです！」というメールが届いたときにはビックリしました。

はたして本一冊分も龍について書けるかしらと思っていましたが、書いているうちに、どんどん楽しくなってきました。

久しぶりに首里城に行って、たくさんの龍の飾り物に感動したり、京都へ龍の絵を見に行ったり、さらには主人の発案で、龍がたくさんいる台湾の圓山大飯店にも行きました。

今までの癒しの本にはなかった取材旅行が加わって、さらに楽しくなりました。

取材をすることで、なぜ台湾にたくさんの龍がいるのかもわかりました。

なぜ、台湾が大切なのかもわかりました。

台湾で見つけた、可愛い龍の置物を真野さんにプレゼントしたら、とても喜ばれて、仕事場のパソコンの前に置いていつも眺めてくれています。

「先生、よく私がオレンジ好きだとわかりましたね！」と言われましたが、それはまさにオレンジの龍でした。〝生龍〟の主人が「編集者さんには、この龍ね～」と勘の鋭さでピタリと当てたのでした。

第五章の龍へのインタビューでは、オレンジ龍がなかったので寂しかったと聞き、では、「おわりに」のところで、オレンジ龍にインタビューしましょうと約束しました。というわけで、オレンジ龍へのインタビューのはじまりです～。

私「オレンジ龍さん、おはようございます！」

オレンジ龍「おお、やっと最後にお呼びがかかりましたね！　嬉しいです！」

私「やっぱり待ってらしたんですね。お待たせしました。オレンジ龍さんは、どんなお役目を持っていらっしゃるのですか？」

オレンジ龍「オレンジはクリエーション、創造ですよ。オレンジ色の特徴を考えると、行動、楽天、自由、独創、冒険、挑戦、飛躍、アイデア……。そのままのエネルギーの働きをしているのだよ。だから編集者へのプレゼントは、私がぴったりだったのだ。さすがだね！」

私「わぉー、私にもぴったりのフレーズがてんこ盛りです。ちょうど明日から広島に移動して、カラーヒーリングセミナーがあります。オレンジ色の解説にはオレンジ龍さんのメッセージも伝えますね。本当にありがとうございます」

オレンジ龍「いつでも呼んでくれたら参上するから、みんなに意識するように伝えてほしい。意識で私たち龍とはつながっているからね！」

私「ありがとうございます。しっかりと、伝えていきます！」

美しいオレンジの光に包まれてヒュ～と消えていきました。まさに龍の特徴は、色が持つ意味と一緒なのだと再確認できました。

今回の本は体験主義の私にはぴったりの、体験しながら本を書くという流れになりました。本からその躍動感、わくわく感がしっかり感じられたのではないでしょうか。

この本を書くことで、私の人生は大きく変わりました。こんなに揺さぶられたことはありません。

何より、綺麗好きな龍を引き寄せるために、お片づけをはじめてしまいました。龍とつながっているので、どんどん加速して、本当にはまってしまいました。「ときめくという感覚」が戻ってきました。

「天の舞」が美しく蘇りました。家事が苦手というコンプレックスまで、解消されました。すべてが合理的に、てきぱきと時間短縮できて、まさにスピードいのちの龍にはぴったりの相棒になれたと思います。

毎日の生活に、もっとときめく感動が必要だということをしみじみと体感しました。物を丁寧に扱い、愛を込めて使うようになりました。

人に対しても愛を込めてコミュニケーションするようになりました。

人生そのものを、愛を込めて丁寧に楽しむようになりました。

すべてがつながっていて、そこには龍もかかわっていることがわかってきました。

自分の好きな龍と交流しましょう！　好きな色のファッションに反応して、その色の龍が応援してくれます。色も宇宙のしくみに関係しているからです。人生は、色でも面白い解説ができるのです。

龍は虹色の七色のほかに、金銀白黒、ピンクと一二色があります。最後まで大切なことを伝えることができて、本当によかったです。

今回も応援してくれた〝生龍〟の主人と、猫の花ちゃん、そしてスタッフのみなさん、ツインソウルのパーカー智美さん、そして龍についてのインタビューに快く応じてくださったソウルメイトのみなさま、ありがとうございました。

カタカムナ研究家の吉野信子先生、原稿のチェックをありがとうございました。

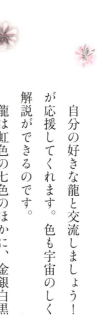

素晴らしい機会をくれた廣済堂出版の編集者の真野はるみさん、編集長の伊藤岳人さん、素敵なデザインをしてくださった高瀬はるかさん、そして華やかで美しく、今までの龍のイメージを大きく変えるような素晴らしいイラストを描いてくださった鯰江光二さん、本当にありがとうございました。

ずっと私の本を読んでくださっている多くのファンの方々にも、本当にありがとうございます。みなさまのおかげで、大好きな本を書くことをずっと続けられています。これからも、人生のしくみや宇宙のしくみを、優しく解説していく活動を続けていきたいと思います。

そして、ずっと応援してくれた、たくさんの龍のみなさん、ありがとうございます。インタビューにも応じてくれて感謝でいっぱいです。

これからも、応援よろしくお願いします。

ともに地球のユートピアへ向かって、楽しみましょう！

ヒュ〜、龍〜〜！

二〇一七年一〇月吉日

魂科医・ピンク龍・笑いの天使・楽々人生のインスト楽多〜

越智　啓子

越智啓子

（おち・けいこ）

精神科医。東京女子医科大学卒業。東京大学附属病院精神科で研修後、ロンドン大学附属モズレー病院に留学。帰国後、国立精神神経センター武蔵病院、東京都児童相談センターなどに勤務。1995年、東京で「啓子メンタルクリニック」を開業。99年沖縄へ移住。過去生療法、アロマセラピー、クリスタルヒーリング、ハンド＆ヴォイスヒーリングなどを取り入れた新しいカウンセリング治療を行う。現在、沖縄・恩納村にあるクリニックを併設した癒しと遊びと創造の広場「天の舞」、「海の舞」を拠点に、クライアントの心（魂）の治療をしながら、全国各地で講演会やセミナーを開催し人気を呼んでいる。著書は35冊にのぼり、おもな著書に『祈りの奇跡』『「笑い」の秘密』（ともに廣済堂出版）などがある。

ホームページ

http://www.keiko-mental-clinic.jp/

ブックデザイン　高瀬はるか
イラストレーション　鯰江光二
校正　大西華子
DTP　株式会社三協美術

龍を味方にして生きる

人生をダイナミックに好転させる方法

2017年12月12日　第1版第1刷
2018年 6 月 5 日　第1版第4刷

著者　越智啓子
発行者　後藤高志
発行所　株式会社 廣済堂出版
〒101-0052　東京都千代田区神田小川町2-3-13　M&Cビル7F
電話　03-6703-0964（編集）
03-6703-0962（販売）
Fax　03-6703-0963（販売）
振替　00180-0-164137
URL　http://www.kosaido-pub.co.jp/

印刷・製本　株式会社 廣済堂

ISBN　978-4-331-52134-2　C0095

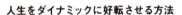

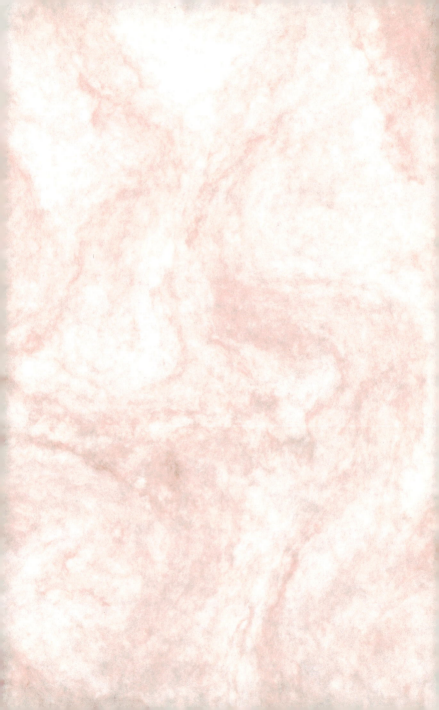